신문으로 시작하는
팩션 쓰기

신문으로 시작하는 팩션(FACTION) 쓰기

초등에서 중등까지,
상상력과 창의력을 키우는
미래형 글쓰기 수업

초 판 1쇄 2025년 08월 13일

지은이 이지은, 황지은, 김미리, 박현정, 이인재, 이정미, 조성윤, 최정아
펴낸이 류종렬

펴낸곳 미다스북스
본부장 임종익
편집장 이다경, 김가영
디자인 윤가희, 임인영
책임진행 김요섭, 이예나, 안채원, 김은진

등록 2001년 3월 21일 제2001-000040호
주소 서울시 마포구 양화로 133 서교타워 711호
전화 02) 322-7802~3
팩스 02) 6007-1845
블로그 http://blog.naver.com/midasbooks
전자주소 midasbooks@hanmail.net
페이스북 https://www.facebook.com/midasbooks425
인스타그램 https://www.instagram.com/midasbooks

ⓒ 이지은, 황지은, 김미리, 박현정, 이인재, 이정미, 조성윤, 최정아, 미다스북스 2025, *Printed in Korea.*

ISBN 979-11-7355-362-2   03370

값 19,000원

※ 파본은 구입하신 서점에서 교환해드립니다.
※ 이 책에 실린 모든 콘텐츠는 미다스북스가 저작권자와의 계약에 따라 발행한 것이므로 인용하시거나 참고하실 경우 반드시 본사의 허락을 받으셔야 합니다.

미다스북스는 다음세대에게 필요한 지혜와 교양을 생각합니다.

초등에서 중등까지,
상상력과 창의력을 키우는
미래형 글쓰기 수업

신문으로 시작하는
팩션 쓰기

이지은 황지은 김미리 박현정 이인재 이정미 조성윤 최정아

미다스북스

세상의 이야기를 담습니다.

공주와 공룡이 등장하던 자유로운 상상의 이야기 속에
신문에서 만나는 '살아 있는 단어'를 조금씩 담아보면 어떨까요?
바로 우리 곁에 존재하는 자유와 멸종,
세상에서 많은 사람들이 겪고 있는 장애, 학살과 같은
생생한 주제가 더해질 때,
아이들의 글은 더욱 깊어지고 넓어집니다.

초중학생이 체험한
팩션(Faction)쓰기 생생 후기

몸이 불편한 동물들이 실제로 관심도 돌봄도 받지 못한 채 고통을 겪고 있다는 걸 알게 되었어요. 이들의 마음이 어떨지 상상하면서 사람들이 몸이 불편한 동물들을 차별해서는 안 된다는 걸 느꼈어요. 나도 이제는 그런 동물들을 차별하지 말아야겠다고 다짐했어요. 몸이 불편한 동물들을 차별하지 않는다는 건, 장애가 없는 동물과 장애가 있는 동물 모두에게 똑같은 관심과 사랑을 줘야 한다는 뜻이에요.

- 안시현(초4), <장애가 있어도 다르지 않아!> 지음

팩션을 쓰기 전에는 장애 동물에 대해 생각해 본 적이 없었어요. 이제는 매일 휠체어를 타고 산책하는 우리 동네 강아지가 새롭게 보여요. 한쪽 눈에 장애가 있는 그 강아지는 털에 숱도 거의 없고 두 뒷다리를 전혀 쓰지 못해 휠체어를 타고 다녀요. 처음엔 안쓰럽게 느껴졌지만, 가만히 보면 오히려 행복해 보일 때도 있어요. 그 강아지의 주인이 잘 걷지도 못하는 강아지를 휠체어에 태워 매일 산책을 시켜 주는 모습을 보면 사랑이 느껴지기 때문이에요. 아직도 세상에는 예전의 나처럼 장애 동물에 대해 한 번도 생각

해 본 적이 없는 사람이 많을 것 같아요. 이제는 장애 동물에 대한 사람들의 관심과 사랑이 더 많아졌으면 좋겠어요.

- **이채원(초4)**, <나를 안아준 작은 손> 지음

환경이 나빠지고 동물들이 멸종되는 게 실감이 안 났는데 글을 쓰고 나니 더 현실로 다가왔습니다. 긴점박이올빼미와 줄무늬올빼미뿐만 아니라 다른 생물들도 다 친하게 지냈으면 좋겠다는 생각을 했습니다.

- **고은솔(초6)**, <루크의 비밀일기> 지음

팩션을 쓰는 동안 '어떻게 청각장애인들이 몸으로 음악을 느낄 수 있을까?'라는 질문이 계속 떠올랐어요. 계속 생각하다 보니, 나도 몸으로 음악을 느껴보고 싶다는 마음이 들었고, 그 순간 저는 공감이라는 단어로 글을 쓰고, 그 의미를 조금씩 이해하게 된 것 같았어요. 들을 수 없는 사람도 충분히 음악을 즐길 수 있다는 사실, 그리고 단지 방법이 다를 뿐이라는 것이 정말 놀라웠어요. 앞으로는 나와 다른 방식으로 세상을 느끼는 사람들에 대해 더 알고, 더 따뜻하게 공감할 수 있는 사람이 되고 싶어요. 이 경험을 통해 저는, 공감이야말로 세상을 이해하는 또 하나의 감각이라는 것을 배웠어요.

- **나시현(초6)**, <귀로 듣지 않아도 음악은 내 안에 흐르고 있다.> 지음

종교 탄압이 인종 차별과 매우 비슷하다는 걸 느꼈어요. 백인이 흑인을 인종 차별한 것처럼 종교도 사람의 생각에 따라 차별하고 전쟁까지 일으킨

걸 알게 되었어요. 또 인종처럼 종교도 각양각색인 것 같아요. 팩션을 쓰면서 종교탄압을 하는 이유를 생각해보니 각 종교가 자신이 더 우세해지기 위한 욕심 때문이라는 생각이 들었어요. 그때 깨달았어요. 욕심은 누구에게나 있지만, 그 욕심이 커져서 과도한 욕심은 큰 화를 불러일으킬 수 있다는 걸 말이에요. 앞으론 종교로 인해 누군가를 차별하는 일이 없으면 좋겠어요.

- **임태현(초6)**, <보석의 진짜 이름은> 지음

도도새가 사람들이 처음으로 멸종시킨 동물이라는 것은 알고 있었어요. 수업을 들으며 다양한 방법으로 사람들이 동물들을 멸종시키고 있다는 것을 더 자세히 알게 되었어요. 팩션을 쓰는 동안에도 우리 인간이 다른 동물에게 한 행동이 얼마나 잔혹했는지 다시 생각하게 되었어요. 도도새들이 자신의 터전과 삶을 빼앗겨 죽은 게 안타까웠어요. 어떤 이유로도 자신의 삶의 터전을 잃고 죽을 고비를 겨우겨우 넘겨가고 있는 동물들에게 고통을 주어서는 안 된다는 생각이 들었어요.

- **하재인(초6)**, <나는 마지막 도도새입니다> 지음

'전족'이라는 단어를 처음 들었을 때에는 조금 거리감이 느껴지고 주변 사람들도 이 단어를 말한 적이 없어서 어떤 문화인지 몰랐다. 기사와 책을 읽으며 전족이 당시 여자들을 얼마나 힘들게 했는지 알게 되었다. 책으로 읽었을 때에는 발 사이즈를 줄이고 꺾는다고 해서 '그게 가능해?'라는 생각을 했는데, 기사를 통해 접한 모습은 충격적이었다. 지금은 이런 문화가 없어

서 다행이라는 생각이 들었고, 편한 운동화를 신고 학교에 가고 친구들과 뛰어 놀 수 있다는 것에 감사함을 느꼈다.

- **조재인(중1)**, <신나게 달리는 날> 지음

    여러 다양한 기사들을 읽으며 히잡에 대해 더 잘 알게 되었다. 히잡을 꼭 써야 하는 나라에서 히잡을 쓰고 싶지 않은 이슬람 소녀의 마음은 어떨지 처음으로 상상해 보았다. 소녀의 마음이 글에 잘 나타나도록 오래 고민했다. 다음에는 반대로 히잡 착용을 금지하는 나라에서 히잡을 쓰고 싶어 하는 아이의 이야기도 쓰면 어떨까 싶다.

- **오세하(중1)**, <히잡에 쓴 비밀> 지음

    '고릴라'는 나와 동떨어진 어딘가에 존재하는 동물이라고만 여겨 왔다. 밀렵꾼을 피해 도망치거나, 가족을 잃고 혼자가 된 고릴라의 기사를 읽고 정말 불쌍하다는 생각이 들었다. 고릴라는 얼마나 두렵고 외로웠을까? 지금 떠올려도 마음이 아프고, 정말 무서운 일이라는 생각이 든다. 밀렵과 밀수를 반대하는 캠페인에 참여해, 이런 일이 없도록 막아주고 싶다.

- **설태리(중1)**, <고릴라, 다시 숲으로> 지음

고릴라 밀렵에 대해 더 알아보며 현실을 알게 되자, 인간이 얼마나 잔인할 수 있는지를 느끼게 되었다. 희생된 고릴라의 마음을 짐작조차 하기 어렵다. 나처럼 고릴라를 단순한 동물로만 여겼던 어린이와 청소년, 어른들에게 이 현실을 널리 알리고 싶다는 생각이 들었다.

- **이루리(중2)**, <벤지> 지음

욘 라베의 이야기를 통해, '사람을 지킨다'는 게 무엇인지 생각해 봤다. 난징대학살에 대해 조금은 알고 있었지만, 욘 라베라는 사람은 처음 알게 되었다. 그의 이야기 안에서 전쟁 속 피해자들이 느꼈을 공포와 절망이 조금은 느껴졌다. 특히 아이들이 겪었을 일들을 생각하니 가슴이 아팠다. 지금도 전쟁 때문에 힘들어하는 아이들이 떠올랐고, 그 속에서 누군가를 위해 문을 열고 손을 내민 욘 라베의 모습은 희망처럼 느껴졌다. 이 이야기는 그냥 옛날 일이 아니라, 우리가 지금도 꼭 기억하고, 사람을 소중히 여기며 살아야 한다는 걸 알려주는 이야기였다.

- **이서진(중2)**, <본 것을 잊지 않고 기억할 것> 지음

추천사

이제 지식의 양보다 그것을 어떻게 이해하고 활용하느냐가 더 중요해진 시대입니다. 이러한 시대에 교육의 궁극적인 목적은 일반적인 지식의 축적을 넘어, 더 넓은 세계 속에서 자신의 역할을 성찰하고 책임감 있는 세계 시민으로 성장하도록 돕는 데 있다고 생각합니다.

이 책에서 학생들은 신문기사와 책을 읽고 주제를 재해석하며, 개인적이면서도 공동체적인 시각으로 성찰합니다. 이 과정은 글쓰기 활동이 의미 있는 자기 발견과 성장으로 확장되는 여정이라 할 수 있습니다. 그리고 이러한 여정은 IB가 추구하는 교육 철학과도 깊이 연결되어 있습니다. IB 프로그램 역시 시대적 맥락에 대한 이해, 다양성에 대한 존중, 그리고 지속 가능한 공동체에 기여하는 것을 핵심 철학으로 삼고 있습니다.

자기 자신과 우리를 둘러싼 사회, 역사 그리고 인간 존엄성에 대해 깊이 있게 이해하고자 하는 이들에게 이 책은 훌륭한 안내서이자 사유의 출발점이 되어줄 것입니다.

- **김준환**, IB월드스쿨 제주 표선중학교 교사

우리는 교육 현장에서 종종 "어떻게 상상력을 키울 수 있을까?", "어떻게 현실과 연결된 글쓰기를 이끌어낼 수 있을까?"라는 질문 앞에 서게 됩니다. 『신문으로 시작하는 팩션(Faction) 쓰기』는 이 질문에 대한 하나의 완성도 높은 해답을 제시합니다. 창의력을 유도하는 동시에 현실 속 살아 있는 이야기로 아이들을 끌어와 내면을 흔드는 힘을 지닌 책입니다.

단지 글쓰기 수업을 위한 책이 아니라 아이들이 어떻게 '생명의 존엄'을 자기 삶의 언어로 재현하고 있는지 느꼈습니다. 이는 하브루타 교육에서 가장 중요하게 여기는 '존재에 대한 질문'과 맞닿아 있습니다. 아이들에게 정보를 주면서, 존재의 의미를 묻고, 감정과 윤리를 연결하며, 그 물음을 글로 풀어낸다는 점에서 이 책은 교육적으로 매우 고도화된 설계도입니다.

8인의 공동 저자들이 구성한 7단계 글쓰기 수업은 체계적이면서도 따뜻합니다. 신문과 책을 매개로, 주제를 깊이 탐색하고 상상한 이야기를 자기화하며, 예시 작품으로 마무리하는 흐름은 교사와 학생 모두에게 안정감과 창의성을 동시에 제공합니다. 특히 '자유, 멸종, 장애, 학살'과 같은 무거운 주제를 초등 글쓰기에서 다루었다는 점은 용기이자 철학입니다. 이는 아이들을 결코 얕보지 않는 교육자의 존중이 깃든 결과라 생각합니다.

저 역시 하브루타 독서토론을 통해 아이들과 함께 질문하고 성찰하는 글쓰기를 지도하며, 이런 방식이 진정한 배움으로 이어진다는 확신을 갖고 있습니다. 『신문으로 시작하는 팩션(Faction) 쓰기』는 단순한 글쓰기 교재를 넘어, 미래 시민을 위한 윤리적 글쓰기 안내서로 자리매김할 수 있는 책입니다.

이 책은 초중등 교사, 학부모, 독서토론 지도사, 글쓰기 코치에게 두루 추천할 만한 필독서입니다. 깊은 존경과 응원의 마음을 담아 추천 드립니다.

- **유현심**, 하브루타 전문가, 『진북 하브루타 독서토론』 저자

"이런 글을 초등학생이 썼다고요?"
처음 학생들의 팩션 작품을 읽고, 믿기 어려울 만큼 깊은 시선과 감정에 놀랐습니다.

『신문으로 시작하는 팩션(Faction) 쓰기』는 단순한 글쓰기 수업 교재가 아닙니다. 이 책은 아이들이 신문에서 읽은 사건을 통해 타인의 삶을 상상하고, 공감하며, 그 안에 담긴 감정과 선택을 자기 이야기로 풀어내는 특별한 글쓰기 안내서입니다. 그 과정에서 아이들은 세상을 바라보는 눈, 그리고 타인의 마음을 깊이 이해하는 '통찰력'을 키워나가게 됩니다.

고등학교에서 오랜 시간 아이들을 가르치며 저는 확신하게 되었습니다. 지식만으로는 사람을 키울 수 없고, 시대를 살아가는 힘은 결국 공감과 통찰에서 온다는 것을요. 이 책은 그런 힘의 씨앗을 초등과 중등 시기에 심어

주는 소중한 도구가 되어줄 것입니다.

특히 인공지능이 많은 것을 대신하게 되는 지금, 인간다움을 지키는 가장 확실한 방법은 '사람의 마음을 이해하는 능력'을 키우는 것입니다.

그 점에서 이 책은 부모님과 선생님들이 아이들에게 꼭 먼저 쥐여 주어야 할 책입니다.

- **지하나**, 덕소고등학교 교사, 『호시탐탐 내 아이 진로 찾기』 저자

서문

세상과 공감하는
글을 쓰는 법

이지은

아이들에게 팩션을 쓰게 해 보고 싶다고 오래 전부터 생각했습니다. 신문에서 읽은 역사적 사실을 요약하는 데서 그치지 않고, 사건의 인물이 되어 문학적으로 상상해보는 글쓰기를 말이죠. 사실(fact)에 상상(fiction)을 더해 진실을 더 깊게 이해해 보는 겁니다.

설명문과 논설문을 쓰다 보면 자연스럽게 사실(fact)에 집중하게 됩니다. 핵심을 명확하게 전달하기 위해 문장은 간결해지고, 관심은 특정 논제에 객관적으로 찬성인지, 반대인지를 논리적으로 제시하는 데만 쏠리기 마련입니다. 하지만 세상과 삶은 그렇게 건조하고, 객관적이며 단순하지가 않습니다. 수많은 정답 없는 상황과 조건 속에서 사람이 하는 선택은 언제나 주관적이고 감성적인 결정까지 더해 이루어지니까요.

이러한 진짜 세상을 배우고 깨닫기 위해 사실 위에 상상을 더하는 글쓰기, '팩션'이 필요합니다. 팩션은 허구인 상상력을 통해 타인의 마음을 진심으로 이해해 보는 연습입니다. "내가 이 사건 속에 있었다면 어땠을까?", "이 아이가 나였다면 어땠을까?"를 자신에게 묻고 타인의 선택을 간접 체험하고 공감하는 시간입니다.

헤밍웨이는 이런 글쓰기를 가장 잘 보여주는 작가입니다. 그는 기자이자 소설가로서, 1차 세계대전에 참전한 자신의 경험을 바탕으로 『무기여 잘 있거라』를 집필했고, 스페인 내전에서 돌아와 『누구를 위하여 종은 울리나』를 썼습니다. 직접 겪은 전쟁이라는 역사적 사건을 생생하게 묘사하며 주인공들의 감정을 깊이 있게 다뤘습니다. 그는 퓰리처상과 노벨문학상을 연달아 수상하죠. 팩션은 이처럼 사실과 상상의 경계에서 인간의 본질을 탐구하는 문학적 시선을 가능하게 합니다.

아이들이 팩션을 써 보는 경험은 표면적으로 드러나는 사건의 숫자나 통계 안에 있는 사람의 마음을 들여다보는 힘을 길러줍니다. 멀리서 바라보는 관찰자에서, 스스로 그 인물이 되어 고민하는 기회를 제공합니다. 팩션 쓰기는 아이들에게 상상력과 감수성, 논리와 표현력 모두를 길러주는 미래형 글쓰기이며, 세상을 바라보는 눈을 바꿔줍니다.

10여 년 전, 팩션이 주는 강렬한 영향력과 감동을 처음 느낀 순간이 있었습니다. 중앙일보의 청소년 신문 〈소년중앙〉 복간 첫 호를 준비하던 때입니다. 독자들에게 책을 추천하는 북마스터 코너에서 만난 6학년 혜미는 홀로코스트를 주제로 한 소설 『줄무늬 파자마를 입은 소년』을 추천하며 팩션을 써 왔습니다. 책과 영화, 자료를 넘나들며 배운 홀로코스트의 사실에 자신의 상상력을 더해 쓴 글이었죠. 책 속 주인공들의 비극적인 죽음을 지켜보는 인물을 창조해 아이의 시선으로 그려냈습니다. 혜미의 작품을 읽은 데스크가 제게 말했습니다. "지은아, 이 글 먹먹하다."

이 책은 그런 '먹먹한 글'을 아이들이 스스로 써보도록 돕기 위한 안내서입니다.

글쓰기 지도를 전문으로 하는 8명의 선생님들이 '자유', '멸종', '장애', '학살' 같은 거대한 세상의 담론을 아이들의 언어로 풀어내기 위해 섬세하게 설계한 수업안들을 모았습니다. 역사의 어둠 속에서 인류애가 빛난 사례를 배우고 세계 시민으로 자라기 위한 감수성을 길러주는 발문부터, 인류의 잔혹한 과오인 제노사이드를 마주하고 침묵과 차별의 역사에 말 걸기를 시작하는 어린 작가들의 용기까지 이 책 곳곳에 담겨 있습니다.

이 수업들은 아이들의 내면이 깊고 따뜻하게 확장하도록 돕습니다. 작은 공감이 타인의 상처를 이해하는 언어가 되고, 마음이 한 단계 더 깊이 성장합니다. 이 모든 과정을 통해 아이들은 더 깊이 느끼고, 더 멀리 보는 시선을 갖게 될 것입니다.

이 책이 우리의 아이들이 변화하는 작은 시작점이 될 수 있기를 바랍니다. 그리고 프랑스에서 공부하며 세상을 바꿀 따뜻한 리더로 성장하고 있는 20대가 된 혜미에게 고마움을 전합니다.

수업 가이드

『신문으로 시작하는 팩션(Faction) 쓰기』는 신문과 책을 함께 읽고, 그 속 이야기를 바탕으로 상상력과 창의력을 길러 글쓰기를 연습할 수 있도록 구성된 창의 융합형 작문 수업서입니다.

이 책은 다음과 같은 7단계로 구성되어 있습니다.

1. 신문 속 이야기 함께 읽기
2. 신문 내용 쉽게 이해하기
3. 신문에서 책으로 생각 넓히기
4. 책 내용 쉽게 이해하기
5. 신문과 책으로 상상하기
6. 상상한 이야기를 글로 쓰기
7. 예시 작품 살펴보기

각 단계는 신문과 책이라는 현실의 정보를 출발점으로 하여, 아이들이 자신의 생각을 확장하고 창의적으로 표현할 수 있도록 설계되었습니다.

신문 속 이야기 함께 읽기

사실적인 표현이 담긴 최신 신문 기사를 읽습니다. 문장 속에 담긴 의미를 정확히 파악하고, 기사가 말하고자 하는 핵심 내용을 스스로 정리해 봅니다. 우리가 살아가는 세상에서 지금 일어나고 있는 다양한 사건들을 살펴보며, 기사에 등장하는 인물이 처한 상황과 그 안에서 겪는 갈등이나 선택을 함께 따라가 봅니다.

신문 내용 쉽게 이해하기

기사를 읽으며 낯설게 느껴질 수 있는 단어나 배경 지식을 하나씩 짚어봅니다. 과거의 시대적 분위기부터 현재까지 이어지는 변화, 그리고 사람들의 생각이나 사회 구조와 같은 사회적 배경에 대해 함께 이야기를 나눕니다. 다양한 시각에서 기사를 이해하면서, 사건을 더 깊이 있게 바라보는 힘을 기릅니다.

신문에서 책으로 생각 넓히기

신문에서 다룬 주제와 연결된 책을 함께 읽으며 생각의 폭을 넓혀 봅니다. 책 속 글과 그림을 통해 같은 주제가 신문과는 어떻게 다르게 표현되는지를 살펴보고, 인물들의 감정과 선택에 집중해 그 안에 담긴 의미를 깊이 있게 이해합니다. 신문 기사에서는 놓칠 수 있는 감정과 상상, 맥락을 책을 통해 보완하며, 한 가지 주제를 다양한 시선으로 바라보는 경험을 할 수 있습니다.

책 내용 쉽게 이해하기

책의 줄거리와 전개 흐름을 파악하고, 장면별로 인물의 감정 변화를 중심으로 내용을 정리합니다. 등장인물의 선택과 행동에 주목하며 이야기 전개에 담긴 의미를 분석합니다. 이야기 속에 숨어 있는 주제와 메시지를 발견하고, 그것이 어떤 삶의 질문을 던지는지 생각해 봅니다.

신문과 책으로 상상하기

신문에서 얻은 사실적 정보와 책에 담긴 상상적 요소를 바탕으로, 주어진 주제를 새로운 시선으로 재구성해 봅니다. '내가 기사 속 인물이라면? 내가 책 속에서 마주한 사건의 한가운데에 있다면?'과 같은 장면을 떠올리며, 그 인물의 감정과 선택을 구체적으로 상상합니다. 사실과 상상을 연결하며 공감 능력을 확장하고, 자신만의 관점으로 이야기를 만들어 가는 힘을 기릅니다.

상상한 이야기를 글로 쓰기

　마음속에 떠오른 장면과 인물의 감정을 바탕으로, 이야기의 구성 요소를 정리해 글로 표현합니다. 인물의 성격, 사건의 흐름, 배경의 분위기를 구체적으로 설정하여 서사를 완성합니다. 세계 속 인물과 상황에 공감하며, 자신만의 시선과 감정을 담은 글을 쓰는 과정을 통해 세계 시민 의식을 기르고 창의적 글쓰기 능력을 키워 갑니다.

예시 작품 살펴보기

　같은 주제로 창작한 다른 사람의 작품을 읽어봅니다. 예시 작품을 분석하면서 나만의 글쓰기 전략을 세우고, 글의 완성도를 높이는 방법을 익힙니다. 하나의 주제가 어떻게 다양한 방식으로 해석되고 표현되는지를 비교하고 서사 구성, 문체, 표현 방식 등에서 참고할 만한 점을 찾아봅니다. 이를 응용해 새로운 묘사나 상상에도 도전해 봅니다.

목차

초중학생이 체험한 팩션(Faction)쓰기 생생 후기   005

추천사   010

서문   (이지은)   세상과 공감하는 글을 쓰는 법   014

수업 가이드   018

01 자유 다양한 얼굴들
신문 속 자유를 읽고, 나만의 선택 상상하기

이지은	히잡, 자유는 쓰는 걸까 벗는 걸까?	027
조성윤	종교는 달라도 자유는 같다	041
황지은	일상에 숨은 전족의 끈	052
이정미	교육으로 세상을 바꾼 말랄라	061

02 멸종 사라지는 생명들
위기에 처한 존재들을 구조하는 이야기 상상하기

김미리	나는 마지막 도도새입니다	073
이인재	밀렵에 희생된 어린 고릴라	083
이정미	긴점박이올빼미를 지키려는 비극	101
최정아	코로나19, 인간과 동물의 공포	113

03 장애 이해와 포용
다름을 마주하고 교감하는 주인공 상상하기

이인재	장애 동물, 가족이 될 수 있을까요?	127
박현정	들리지 않아도 음악은 내 안에 흐른다	139
황지은	휠체어에 앉아 신는 신발	151
이지은	노인을 위한 유니버설 디자인	160

04 학살 인간의 어두운 이면
역사의 아픔 속에서 희생자의 마음 상상하기

조성윤	감자에서 시작된 아일랜드 대기근	173
김미리	우크라이나인의 상처, 홀로도모르	185
최정아	가짜 뉴스가 불러온 비극, 간토 대학살	195
박현정	난징의 욘 라베, 그의 선택	205

01 자유 다양한 얼굴들

신문 속 자유를 읽고, 나만의 선택 상상하기

우리는 흔히 '자유'라는 말을 당연하게 여깁니다. 그러나 자유는 단순히 하고 싶은 것을 마음대로 하는 것을 넘어, 다양한 층위에서 깊고 넓게 이해해야 할 개념입니다. 신체적 자유란 외부의 구속 없이 자신의 몸을 자유롭게 움직일 수 있는 권리를 말합니다. 코로나19 팬데믹 기간 동안 경험한 이동 제한이나, 난민들이 자유롭게 국경을 넘지 못하는 현실은 신체적 자유가 언제든 위협받을 수 있음을 보여주는 사례입니다. 정신적 자유는 자신의 생각과 신념을 자유롭게 표현하고 실천할 수 있는 권리입니다. 언론의 자유를 억압하거나, 종교나 사상의 차이로 탄압을 받는 일은 이러한 정신적 자유를 침해하는 대표적인 예입니다. 사회적 자유는 사회 속에서 자신이 원하는 방식으로 행동하고 선택할 수 있는 권리를 의미합니다. 인종, 성별, 사회적 신분 등을 이유로 차별받는 이들은 이 자유를 온전히 누리지 못하고 있습니다. 경제적 자유는 재산을 소유하고 기업을 운영하며 시장에 참여할 수 있는 권리를 뜻합니다. 시장 참여가 제한될 때, 이는 곧 경제적 자유의 침해로 이어집니다.

이 단원에서 함께 생각해요

1) 자유란 무엇일까?
2) 내게 주어진 선택권은 어떤 것들이 있을까?
3) 모두가 같은 자유를 누리고 있을까?

이지은

히잡, 자유는 쓰는 걸까 벗는 걸까?

신문 속 이야기 함께 읽기

<쓰게 해줘, "벗을래"…프랑스·이란 정반대 히잡 전쟁, 무슨 일>
[출처: 중앙일보]

<"히잡 벗고 머리 늘어뜨려라" 노래한 이란 가수, 태형 74대>
[출처: 중앙일보]

> 신문 내용 쉽게 이해하기

히잡을 쓰는 것도, 벗는 것도 자유다

　히잡을 벗으라는 노래를 불렀다는 이유로, 이란의 한 가수가 태형을 받는 사건이 있었다. 여전히 이런 뉴스가 등장한다는 사실은 많은 생각을 불러일으킨다. 이러한 사건은 흔히 이야기하는 '히잡 해방', 즉 히잡을 벗을 자유에 관한 논의로 이어지곤 한다. 하지만 여기서 한 걸음 더 나아가 볼 수 있다. 2024년 프랑스에서 열린 파리 올림픽에서는 히잡을 쓰고 싶다는 프랑스 국적 이슬람 여성들의 요구가 논란이 되었다. 단지 히잡을 벗는 자유뿐 아니라, 히잡을 쓸 자유에 대한 요구도 등장한 것이다. 이는 히잡과 관련된 논의가 단순히 억압으로부터의 해방을 넘어서, 보다 넓은 의미의 자유와 선택의 문제로 확장되고 있음을 보여준다.

　중고등학생을 대상으로 하는 청소년 저널리즘 글쓰기 수업에서는 이 주제를 프랑스의 정치·문화적 개념인 '톨레랑스(tolérance)'와 '라이시테(laïcité)'까지 연결하여 다루기도 한다. 그러나 초등학교 고학년 수준이라면 이 개념들이 다소 복잡할 수 있으므로, "히잡을 벗는 것도 자유이지만, 쓰는 것 또한 자유다."라는 핵심적인 메시지만 간결하게 전달해도 충분하다. 진정한 자유란 누군가의 선택을 일방적으로 제한하거나 강요하지 않는 것이다. 히잡을 쓰고 싶은 사람은 쓸 수 있도록, 벗고 싶은 사람은 벗을 수 있도록 내버려 두는 것이야말로 자유의 본질이라 할 수 있다.

프랑스의 이슬람 여성들은 종교적 신념에 따라 히잡을 쓰고자 한다. 반면 이란의 여성들은 국가가 강요하는 히잡을 벗고자 한다. 두 집단 모두의 요구는 '자신의 몸과 삶에 대한 결정권'에서 출발한다. 단순한 찬반의 논리를 넘어서, 각각의 입장에서 왜 그런 선택을 하게 되었는지를 이해하려는 태도가 중요하다. 유럽 일부 국가에서는 히잡 착용을 법으로 금지하기도 한다. 그 배경에는 사회와 종교를 명확하게 분리하는 세속주의 원칙이나 국가 정체성 유지라는 명분이 있지만, 이로 인해 일부 이슬람 여성들은 자신의 신념을 표현할 자유를 억압받고 있다.

더 깊이 들어가면, 일부 여성들이 히잡을 착용하고자 하는 이유가 어릴 적부터 받아온 교육이나 사회적 분위기의 영향은 아닌지 되묻는 시각도 존재한다. 이러한 부분은 교육적 맥락이나 학습자의 수준에 따라 신중하게 접근해야 할 지점이다.

예를 들어, 문화의 다양성을 배우는 수업에서는 히잡이 단지 억압의 상징이 아니라, 어떤 이들에게는 신앙과 정체성의 표현일 수 있다는 점을 함께 다루어야 한다. 그러나 동시에 이러한 관점만 강조할 경우 히잡이 상징하는 여성 억압 구조에 대한 비판이 약화될 수 있다는 시각도 균형 있게 다뤄야 한다.

개인과 사회의 관계를 다루는 수업에서는 어린 시절부터 특정 이념이나 규범에 노출된 결과, 자율적 선택이라고 믿는 것이 실제로는 사회적 세뇌나 내면화일 수 있다는 비판적 관점을 제시할 수 있다. 이때는 자칫 개인의 경험과 주체성을 지나치게 수동적이라 단정하거나 폄하하지 않도록 주의 깊은 설명이 함께 이루어져야 한다.

"어떤 선택이 정말 '자유로운' 것인지 생각해봅시다. 어릴 적부터 어떤 가치나 규범을 계속 들어왔다면 그 선택이 내 의지인지, 아니면 익숙함에서 나온 것인지 혼란스러울 수 있어요. 하지만 그렇다고 해서 그 사람의 선택이 전부 외부의 영향 때문이라고만 단정할 수는 없어요. 어떤 사람에게는 그 선택이 진짜 의지이고, 자부심일 수 있거든요. 그래서 우리는 '왜 그런 선택을 하게 되었을까'를 여러 각도에서 들여다보는 연습을 하는 거예요."

즉, 히잡을 둘러싼 논의는 자율성과 억압, 정체성과 통제 사이의 복잡한 맥락을 함께 고려하며, 다양한 시각을 통해 학습자가 스스로 고민할 수 있도록 돕는 방향으로 접근해야 한다.

신문에서 책으로 생각 넓히기

이브티하즈 무하마드, S. K. 알리 글, 하템 알리 그림, 신형건 옮김
『히잡을 처음 쓰는 날』, 보물창고, 2020
원제: The Proudest Blue: A Story of Hijab and Family

책 내용 쉽게 이해하기

"나의 히잡은 바다가 하늘을 향해 물결치는 것과 같아요."

이 책의 저자는 독특한 이력을 지니고 있다. 2016년 브라질 올림픽에 미국 국가대표로 출전한 최초의 히잡 착용 여성 선수이다. 책에는 히잡을 매개로 한 자아의식과 선택, 차별과 용기를 말하는 한 편의 아름다운 성장 이야기가 담겨 있다. 이슬람권의 어린 소녀들이 처음 히잡을 쓰는 순간은, 어떤 이들에게는 가톨릭 교회에서 미사보를 처음 머리에 얹는 순간과 비슷하게 느껴질 수 있다. 소녀들에게는 그 자체로 설레는 의식이며 성장의 상징이다.

주인공도 처음 히잡을 쓰는 날, 어머니가 권한 분홍색 히잡을 거절하고 스스로 가장 화려하고 빛나는 파란색 히잡을 선택한다. 그 선택에는 뚜렷한 자기 주도성과 자아가 담겨 있다. 겉보기에는 히잡을 고르는 장면 같지만 실은 '나'를 표현하는 의지가 강하게 드러나는 순간이다. 주인공은 자신의 선택을 자랑스럽게 여기며 학교로 향한다. 그러나 학교에 도착한 순간, 길거리에서 마주친 외부 아이들, 즉 이슬람권이 아닌 다른 문화권의 아이들이 그녀를 비웃고 조롱한다. "보자기를 썼다."라는 희화화된 시선들은 아이의 마음에 깊은 상처를 남긴다.

책은 히잡을 벗으라는 강요만이 문제가 아니라고 말한다. 히잡을 쓰는 것을 인정하지 않는 태도 또한 또 다른 형태의 폭력이기 때문이다. 히잡은 어떤 이들에게 자부심이며, 선택의 상징이다. 누군가에게 신앙이자 문화이며, 자기를 표현하는 방식이다. 단순한 천 조각이 아닌 셈이다. 책 속에는 이런 문장이 등장한다.

"나의 히잡은 웃음거리가 아니에요. 바다가 하늘을 향해 물결치는 것과 같아요."

아이들에게 히잡은 낯선 대상일 수 있다. 그러나 낯설다는 이유만으로 던지는 질문, "그거 왜 써?"라는 말조차 누군가에게는 상처가 될 수 있다. 앞으로 성장하는 과정에서 세계 각지의 다양한 문화를 배경으로 한 사람들과 어울리며 살아갈 우리의 아이들은 이 점을 기억해야 한다. 이 책은 한 소녀가 처음 히잡을 쓰는 날 느끼는 설렘과 혼란, 자부심과 아픔을 그리고 있다. 그리고 마침내 히잡을 쓰고 올림픽에 출전한 한 여성의 용기를 보여준다. 책의 여러 지점에서 우리는 아이들과 함께 진정한 존중과 다양성, 그리고 '다름'을 받아들이는 태도에 대해 이야기할 수 있다.

신문과 책으로 상상하기

1. 인물
- 주인공은 히잡을 쓰는 이슬람 여성일까, 쓰지 않는 남성, 또는 다른 나라 여성일까?
- 히잡을 쓰는 걸 좋아할까, 안 쓰는 걸 좋아할까?

2. 배경
- 주인공은 현대와 과거, 또는 서구와 이슬람권 중 어떤 시대와 문화 속에서 살고 있을까?

3. 사건
- 주인공은 히잡과 관련한 어떤 추억이 있을까?
- 히잡으로 어떤 불편함과 사건을 겪게 될까?

– 히잡으로 인해 발생하는 일들에서 어떤 인물(조력자 또는 가해자)을 만나게 될까?
– 주인공이 행복한 순간과 슬픈 순간은 언제였을까?

상상한 이야기를 글로 쓰기

히잡을 쓴 소녀의 고민이 담긴 살아있는 이야기

히잡을 주제로 글을 쓸 때, 아이들은 다양한 시선으로 이야기를 구성할 수 있다. 예를 들어, 주인공은 이슬람 문화권에 살면서 히잡을 쓰고 싶지 않은 소녀일 수 있고, 반대로 히잡 착용이 금지된 나라에서 히잡을 쓰고 싶어 하는 소녀일 수도 있다. 히잡을 착용하고 올림픽에 출전한 선수를 지켜보는 관객으로 설정할 수도 있다. 혹은 다른 나라에서 살아가는 또래 여성이나, 히잡을 쓴 친구와 친해지고 싶은 평범한 소녀의 시선에서 이야기를 풀어갈 수도 있다.

이처럼 히잡이라는 주제를 사실적으로, 동시에 감정적으로도 접근해보는 글쓰기는 의미 있는 일이다. 특히 초등 고학년 이상의 학생들에게는 히잡을 단순히 '찬성과 반대'의 논쟁적 대상이 아니라, 히잡을 쓰는 한 어린 여성의 내면과 선택의 의미를 진지하게 들여다보는 기회로 삼을 수 있다. 그 과정을 통해 '진짜 자유란 무엇인가'에 대해 스스로 고민하고 말하며, 써보는 경험이 될 것이다.

수업의 중심 주제는 '자유'다. 자유는 여러 가지 측면과 관점을 가진 복합적인 개념이다. 당사자가 원하지 않는데 강제로 부여하는 자유는 또 다른 의미의 억압이 될 수 있다. 타인에게 피해를 주는 자유는 이기주의나 제멋대로 행동하며 선을 넘는 방종으로 불린다. 미성년자의 특성과 상황을 고려하지 않은 채 무제한으로 허용되는 자유는 사회에 혼란을 가져올 것이다.

진정한 자유는 나의 선택에 책임을 지는 자세도 포함한다. 타인의 자유 또한 존중해야 한다. 나와 타인과 공동체 전체 속에서 섬세하게 조율하는 원칙이다. 자유를 주제로 글을 쓰기 위해서는 일반적인 자유라는 권리 자체만 강조해선 안 되고, 해당 자유에 대한 가치 판단과 책임까지 함께 고려해야 한다.

주제가 어렵게 느껴질 수 있지만, 그렇기 때문에 오히려 더 깊고 진지한 고민을 담을 수 있다. '자유'란 과연 무엇인가? 그 자유는 누구의 것이며, 어떤 조건에서 보장받아야 하는가? 타인의 자유는 어떻게 존중해야 하는가? 이와 같은 질문에 대한 고민을 진지하게 하는 과정에서 아이들 스스로 '자유'의 의미를 다양하게 탐색하고, 상상의 이야기 속에 자유의 철학적 의미를 담게 된다.

예시 작품 살펴보기

회색 히잡 이지은(교사)

영국 런던 외곽의 한 초등학교. 루카는 오늘도 운동장을 뛰어다니다가, 교실로 돌아가는 길에 친구 아이샤를 마주쳤다. 아이샤는 평소처럼 회색 히잡을 쓰고 있었다.

"그 히잡 말야, 엄마 커튼 잘라서 만든 거야?"

루카는 장난스럽게 말했지만, 말이 입 밖으로 나오자마자 뭔가 이상하다는 느낌이 들었다. 아이샤의 얼굴이 굳어졌고, 눈이 커다래졌다. 잠시 아무 말도 하지 않던 아이샤는 고개를 푹 숙인 채 조용히 자리를 떴다.

그날 오후, 선생님은 수업을 마치기 전 조용하지만 단호한 목소리로 학생들에게 말했다.

"다름은 틀림이 아닙니다. 친구의 외모나 옷, 문화나 종교를 조롱하는 것은 상처가 됩니다."

루카는 점심시간에 창가에 혼자 앉아 눈물을 닦고 있던 아이샤를 떠올렸다. 아이샤의 그런 모습을 보는 건 처음이었다. 평소 아이샤는 쉬는 시간마다 루카와 함께 책을 읽고, 수학 문제를 나눠 풀었다. 그 생각을 하자 루카의 가슴 한쪽이 꽉 조여들었다. 학교를 마치고 집에 돌아온 루카는 곰곰이 생각했다. 아이샤의 히잡은 아이샤의 일부였고, 아이샤가 소중히 여기는 것이었다. 그럼 나는 아이샤의 히잡을 어떻게 바라봐야 할까?

다음 날 아침, 루카는 교실 문 앞에서 아이샤를 기다렸다.

"어제는 미안했어."

루카는 진심을 담아 말했다. 아이샤는 눈을 깜빡이며 루카를 바라보았다.

"사실, 그 회색 히잡 좀 멋있어. 약간…. 슈퍼 히어로 같기도 하고." 아이샤는 고개를 숙이며 작게 웃었다.

그날 오후, 둘은 다시 나란히 창가에 앉아 책을 읽었다. 창 너머로 연노랑 들꽃이 활짝 피어 있었다. 아이샤의 회색 히잡은 햇살을 받아 은빛으로 빛났다. 루카는 생각했다.

'정말 예쁘다. 아이샤도, 히잡도.'

히잡에 쓴 비밀 오세하(중1)

　다사는 자신의 윤기 나는 검은 머리카락을 의미 없이 쓰다듬었다. 언니의 발소리가 문 앞에 가까워졌다. 곧 언니가 문을 벌컥 열고 아래층 거실을 향해 말할 것이다.
　"그냥 알려만 드릴게요. 지금 다흐사이가 히잡을 바닥에 팽개쳐 놓았어요!"
　다사는 언니가 문 손잡이를 잡는 소리를 들으며 바닥에 놓인 히잡을 집어 들었다. 히잡을 머리에 쓰면서, 다사는 며칠 전의 장면을 떠올렸다.

　그날 밤, 다사는 목이 말라 잠에서 깨어 침대에서 나왔다. 옆에 누운 언니는 잠들어 있었다. 아래층에 불이 켜져 있고 낯선 남자들의 목소리가 들렸다. 손님들 앞에서는 히잡을 쓰는 게 좋았다. 어둠 속에서 히잡을 찾아 머리에 썼다. 그리고 계단 쪽으로 내려가려다 멈췄다.
　아래층에는 사촌 네사가 히잡을 쓰지 않은 채, 머리카락이 엉망으로 헝클어진 모습으로 경찰 앞에 서 있었다. "네사히제 쇼와츠 하네이노, 공중도덕 위반 및 도주로 체포한다."
　네사는 공포보다는 분노에 사로잡힌 채 다사의 부모님에게 소리 질렀다. 어떻게 도망가기 전 마지막으로 인사하러 온 나를 경찰에게 팔아넘길 수 있냐고 소리 지르던 네사는 경찰들에게 끌려갔다. 네사는 히잡을 쓰지 않았다는 이유로 목숨을 잃은 마흐사 아미니를 추모하는 시위에 계속 참여해 왔다.
　"난 하기 싫다니까!" 다사가 들은 네사의 마지막 말이었다.

그날 이후, 다사는 스스로에게 조용히 묻기 시작했다. 히잡을 왜 써야 하지?

마음속에서 손가락 인형극이 벌어졌다.

'저요! 제가 알아요!' 그래 엄지손가락아, 말해보렴.

'알라께서 저희를 보호하기 위해 쓰라고 하시지요.'

'이의 있습니다!' 그래 세 번째 손가락아, 왜 그러니?

'그런데 신은 왜, 내가 싫어하는 것을 하라고 하나요?'

다사는 아무 말 없이 손가락을 바라보았다. '알라'는 어른들이 말해준 이름이고, '신'은 다사가 처음으로 자신의 생각대로 떠올린 말이었다. '알라'가 아니다. 그냥 '신'이다.

다사는 방에 들어왔던 언니가 나간 뒤 다시 혼자가 되자 머리에 쓴 히잡을 벗어 들고 조심스럽게 펼쳤다. 천 안쪽, 접히는 이음선 부분을 바라봤다. 펜을 꺼냈다. 아주 작게, 정말 작게, 'NO'라고 썼다. 그 말은 자신을 향했다. 나는 원하지 않는다. 지금 히잡을 쓰고 싶지 않다. 다사는 다시 히잡을 머리에 썼다. 겉으로는 달라진 게 없었다. 단정했고, 단속 대상도 아니었다. 하지만 마음 한가운데, 작은 문장이 울리고 있었다. '나는 원하지 않는다.'

조성윤

종교는 달라도 자유는 같다

신문 속 이야기 함께 읽기

<[오늘의 경제소사] 스페인 종교 재판> [출처: 서울경제]

<中, '종교의 중국화' 규정 개정…신장 위구르족 종교 통제 강화>
[출처: 연합뉴스]

> 신문 내용 쉽게 이해하기

다름을 인정하는 사회, 정신적 자유를 말하다

종교의 자유란 무엇일까? 왜 정신적 자유와 연결되는 걸까? 우리는 진정 종교의 자유를 누리고 있을까? 나의 종교를 위해 다른 종교를 탄압하거나 배척해도 되는 걸까?

정신적 자유는 자기 생각을 마음속으로만 갖는 것이 아니라 말하고 행동으로 옮길 수 있는 권리이다. 이 자유는 내가 무엇을 믿고 어떻게 살아갈지를 스스로 결정할 수 있게 해준다. 그러나 역사 속에서는 이 자유가 억압당한 일이 많았다.

과거 스페인은 다양한 종교가 평화롭게 공존하던 곳이었다. 그러나 1478년, 카스티야의 이사벨 공주와 아라곤의 페르디난드 2세가 혼인하여 형성된 스페인 연합 왕국은 교황 식스토 4세의 승인을 받아 종교 재판소를 설치했다. 이 재판소는 유대인과 무슬림을 몰아내고 신교도의 유입을 막는 데 이용되었다. 심판은 교회가 아닌 왕실이 직접 맡았으며, 이는 종교가 정치의 도구가 된 것임을 보여준다. 그로 인해 많은 사람들이 자신이 믿는 것을 숨기거나 포기해야 했다. 스페인은 '신앙 때문에 죽을 수 있는 지옥'이 되었다.

그렇다면 지금은 종교의 자유가 보장되고 있을까? 안타깝게도 아니다. 오늘날에도 세계 곳곳에서는 종교로 인한 전쟁, 차별, 난민 문제가 발생하고 있다. 예를 들어, 중국 신장 위구르 자치구에서는 이슬람을 믿는 위구르족이 강제 수용소에 갇혀 종교 활동을 금지당하고, '재교육'이라는 이름으로 신념을 포기하도록 강요받고 있다.

이러한 현실은 국가가 사람의 생각과 신념까지 통제하려는 모습을 보여 준다. 정신적 자유는 모두가 존중받아야 할 기본 권리이다. 단지 마음속으로만 생각하는 것이 아니라 그 생각을 표현하고 행동으로 이어질 수 있어야 진정한 자유라 할 수 있다.

우리는 이 자유를 지키기 위해 과거의 실수를 되새기고, 현재의 문제에 관심을 가져야 한다. 역사와 현실을 비교하면서 정신적 자유가 왜 중요한지, 또 이를 지키기 위해 우리가 무엇을 해야 하는지를 함께 고민해 보아야 한다.

신문에서 책으로 생각 넓히기

만프레트 마이 글, 마리네 루딘 그림, 이수영 옮김

『종교 탓이 아니에요 - 어린이를 위한 세계 5대 종교 이야기』
위즈덤하우스, 2017.

책 내용 쉽게 이해하기

생각할 자유, 믿을 자유, 이해할 책임, 다름을 존중하는 용기

사람들은 종교가 달라서 자주 싸우기도 한다. 하지만 진짜 종교 때문일까? 이 책은 아이들이 종교 갈등의 원인을 스스로 생각해 보도록 돕는다.

우리는 같은 학교, 같은 마을에서 서로 종교가 다른 친구들과 함께 살아

간다. 세상에는 여전히 종교로 인해 다툼과 전쟁이 벌어지고 있다. 로마 제국 시절의 기독교 박해, 십자군 전쟁, 30년 전쟁, 이슬람 세력의 확장 등 역사 속에는 종교와 관련된 갈등이 끊이지 않았다. 지금도 종교를 이유로 사람들 사이에 오해와 차별이 생기고 있다.

이 책은 그 갈등이 진짜 종교 때문인지 되묻는다. 다양한 종교에 대한 이해 부족이 오해와 싸움의 시작일 수 있다는 점을 알려준다. 아이들은 세계 5대 종교의 기원과 특징, 신앙 내용, 종교 상징 등을 배운다. 각 종교의 공통점과 차이점을 비교하며, '종교가 무력을 써도 될까?', '종교들 사이에서는 왜 싸움이 벌어질까?', '수니파와 시아파는 같은 이슬람교이면서 왜 싸울까?' 같은 질문에 대해 스스로 답을 찾게 된다.

아이들은 이 과정을 통해 종교에 대한 무지와 선입견이 얼마나 위험한 것인지를 깨닫고, 종교 갈등을 해결하는 데 필요한 '이해'의 힘을 알게 된다. 종교는 서로 다르지만, 중심에는 사랑과 평화가 있다는 것을 느낄 수 있다. 책은 어렵지 않은 이야기 형식으로 풀어내어 초등학생도 쉽게 이해할 수 있다. 이 책을 통해 아이들은 종교를 이유로 친구를 멀리하지 않고, 나와 다른 신념을 가진 사람도 존중해야 한다는 걸 배운다. 종교의 자유는 생각과 믿음을 지킬 수 있는 소중한 권리이다. 그리고 이 자유는 나뿐만이 아니라 친구, 이웃 모두에게도 필요한 것이다.

이 책은 정신적 자유와 종교의 자유가 왜 연결되는지 어린이의 눈높이에서 풀어낸다. 다름을 두려워하지 않고 이해하며 살아가는 세상이 되려면, 먼저 종교를 바로 아는 것이 시작이다. 알고 보면 세상의 종교는 서로 많이 닮아 있다. 신을 향한 사랑이든, 인간에 대한 사랑이든 모든 종교의 중심은 결국 사랑이기 때문이다. 나와 다른 종교를 가진 친구나 이웃을 이해하고 다름을 인정하는 그 첫걸음을 이 책에서 함께 시작할 수 있다.

신문과 책으로 상상하기

1. 인물
– 주인공은 종교적 상징(히잡, 십자가 목걸이, 기도 매트 등)을 지닌 사람일까?
– 주인공은 그 종교 상징을 소중하게 여기는 사람일까? 아니면 불편함을 느끼는 사람일까?
– 주인공의 가족이나 친구는 주인공과 같은 종교를 믿고 있을까? 아니면 다를까?

2. 배경
– 주인공이 살아가는 시대는 과거(예: 스페인 종교 재판 시기) 또는 현재(예: 현대 유럽, 한국, 인도 등) 중 언제일까?
– 주인공은 종교의 자유가 있는 곳에 살고 있을까? 차별이나 제약이 있는 곳에 살고 있을까?
– 그 시대와 지역은 종교의 자유가 잘 지켜지는 사회일까? 권력이나 법 때문에 제한되는 사회일까?

3. 사건
– 주인공은 종교와 관련된 어떤 기억이나 경험(종교 때문에 차별을 받았던 날, 친구와의 갈등이 생긴 날 등)이 있을까?

- 주인공은 종교 때문에(기도, 상징물 등) 불편하거나 슬픈 일을 겪은 적이 있을까?
- 주인공은 그 사건 속에서 도움을 받았을까? 아니면 편견이나 억압을 받았을까?
- 그 사건 후, 주인공은 자신의 믿음을 계속 지킬까? 아니면 포기할까?
- 주인공은 언제 자유롭다고 느꼈을까? 또는 언제 억압당한다고 느꼈을까?

상상한 이야기를 글로 쓰기

스페인에서 위구르까지, 종교는 달라도 자유는 같다

요새 우리나라에서 벌어지는 여러 일들을 보며 '자유'에 대해 많은 생각을 하게 된다. 아이들은 '자유'를 어떻게 받아들이고 있을까 궁금했고, 그래서 함께 정신적 자유에 관해 이야기 나누어보았다. 아이들은 '자유'라는 단어를 들었을 때 처음엔 '신나게 뛰어노는 것', '숙제를 안 해도 되는 것'이라고 말했다.

자유의 진짜 의미를 함께 알아보기 위해 어떤 주제로 접근하면 좋을지 고민했다. 자유란 단순히 하고 싶은 것을 마음대로 하는 것이 아니라, 내가 생각하고 믿는 것을 표현할 수 있는 권리이다. 그래서 정신적 자유와 종교의 자유를 과거와 현재를 넘나들며 비교해 보고 싶었다. 먼저, 종교의 자유가 있던 나라가 종교로 지옥이 되었던 '스페인 종교 재판'에 대해 알아보았다. 가톨릭이 아닌 다른 종교를 믿는다는 이유로 수많은 사람들이 박해를 받았던 사건이다. 이야기를 들은 아이들은 이렇게 질문했다. "지금도 이런 일이 일어나요?" 이와 연결해 중국 신장 지역에서 이슬람을 믿는 위구르족 이야기를 들려주었다. 그들은 지금도 자유롭게 기도하거나 예배를 드리는 것이 허용되지 않는다.

  이야기를 나누는 동안, 개인적 경험도 떠올랐다. 결혼할 때 다른 종교였던 신랑측이 개종하지 않으면 결혼식에 참석하지 않겠다는 친척들이 있었다. 자신의 종교적 자유를 주장하면서 왜 타인의 자유는 인정하지 못할까. 그 장면을 떠올리니 마음이 먹먹했다. 종교의 자유는 먼 나라의 이야기처럼 보이지만, 사실은 지금 우리의 일상에서도 일어나고 있는 문제다. 아이들과 함께 다시 그 사실을 배웠다. 수업이 끝난 뒤 아이들은 각자 자기 생각을 글로 표현했다. "말할 자유가 있다는 걸 처음 알았어요."라고 했던 한 아이의 글은 우리가 아이들에게 가르쳐야 할 건 단순한 지식이 아니라, 생각할 기회를 주는 일이라는 것을 알려준다. 생각의 자유, 말할 자유, 믿을 자유는 누구에게나 보장되어야 하는 기본적인 권리이다. 아이들의 글을 읽으며, 자유가 지켜지는 세상을 상상해 본다.

예시 작품 살펴보기

보석의 진짜 이름은 임태현(초6)

  한 마을에 불교, 천주교, 기독교, 무슬림이 함께 모여 살고 있었다. 그들은 하나의 보석을 함께 다스렸다. 그 보석은 아주 아름다운 색을 띠고 있었다. 서로 도울 때마다 보석은 더욱 반짝였고, 마을은 하루하루 빛이 났다.

그저 평화로운 어느 오후였다.

  기독교 사람이 천주교 사람에게 말했다.

  "야, 기독교가 제일 좋지?"

  천주교 사람이 대답했다.

  "아니야, 천주교가 더 좋아."

  이 말이 싸움으로 번졌고, 서로를 미워하게 되었다. 기독교 사람들은 무리를 지어 천주교 사람들을 압도적으로 탄압하기 시작했다.

  결국 천주교는 그 마을을 떠나, 자신들끼리 새로운 나라를 세웠다. 기독교의 탄압을 피하고 싶었기 때문이다. 하지만 함께 지키던 보석은 그때부터 빛을 잃기 시작했다.

  기독교는 다음 목표로 무슬림을 찾아갔다.

  "야, 기독교가 제일 좋지?"

  무슬림이 대답했다.

  "아니야, 무슬림이 더 좋아."

  또다시 말싸움이 벌어졌고, 기독교는 이번에도 무슬림을 탄압했다. 무슬림은 보복이 두려워 조용히 마을을 떠났다. 그 순간 보석에는 금이 가기 시작했다. 기독교의 힘은 점점 더 무서워졌고, 사람들은 말 한마디조차 조심해야 했다. 감옥에 가거나, 심하면 목숨을 잃기도 했다. 기독교는 더욱 위풍당당해졌다.

  이제 남은 건 불교였다. 눈치 빠른 불교는 미리 도망쳤다. 마을의 모든 것이 기독교 중심으로 바뀌었다. 하지만 기독교는 뭔가 부족하다고 느꼈다.

그래서 남의 땅까지 빼앗아 기독교인을 만들기 시작했다.

그러던 어느 날, 보석이 산산이 깨져버렸다. 아무도 이유를 알 수 없었다. 전쟁으로 마을은 황폐해졌고, 사람들의 마음도 무너졌다. 그제야 기독교는 생각했다. 지금의 기독교는 어딘가 이상했다. (중략)

기독교는 마침내 결심했다. 다른 종교의 사람들을 찾아가 사과했다. 그제야 모두가 알게 되었다. 그 보석의 진짜 이름은 바로, '종교'였던 것을.

내 이름은 이삭입니다 조성윤(교사)

내 이름은 이삭이다. 나는 스페인 세비야에 사는 열한 살 유대인이다. 우리 가족은 토라를 읽고 안식일을 지킨다. 아빠는 작은 빵집을 운영하신다. 우리는 조용히 살아왔다. 그런데 언젠가부터 마을 사람들이 우리를 이상하게 보기 시작했다.

"저 집은 개종했다더니 몰래 예배를 드린대."

누군가 그렇게 수군거렸다. 어느 날 밤, 병사들이 집에 들이닥쳤다.

"이단 혐의로 연행한다."

아빠는 아무 말도 하지 못하고 끌려갔다. 나는 엄마 뒤에 숨어 울었다. 그 다음 날부터 친구들이 나를 피했다. 시장에 나가면 사람들이 길을 비켜 갔다.

"저 집 아들은 이단이래."

나는 억울했다. 우리는 아무 짓도 하지 않았다. 그냥 유대인일 뿐이었다.

며칠 후, 광장에 사람들이 모였다. 큰 의자가 있고, 죄수들이 줄지어 있었다. 나는 그곳에서 아빠를 보았다. 눈이 가려진 채 손이 묶여 있었다. 주교는 말했다.

"이단자에게는 화형이 선고된다."

나는 입을 막고 울었다. 그날 이후 아빠는 돌아오지 않았다. 우리는 마을을 떠났고 엄마는 나를 껴안았다.

"이삭, 네가 무엇을 믿든 절대 부끄러워하지 마."

나는 고개를 끄덕였다. 그날 이후 나는 '왜 도망쳤니?'라는 마음속의 물음이 떠오를 때마다 일기를 썼다.

'우리는 도망친 것이 아니다. 자유를 지키려 한 것이다.'

나는 믿는다. 사람은 누구나 자기가 믿는 것을 말할 수 있어야 한다. 그리고 아무 이유 없이 처벌받아서는 안 된다. 종교는 싸우기 위한 것이 아니라, 서로를 이해하기 위한 것이다. 나는 다시는 누군가가 믿음 때문에 불에 타는 모습을 보고 싶지 않다.

내 이름은 이삭이다. 나는 지금도 자유롭게 기도할 수 있는 날을 기다린다.

(황지은)

일상에 숨은 전족의 끈

> 신문 속 이야기 함께 읽기

<'송원찬 교수의 중국어와 중국 문화' 악습 '전족', 1000년간 여성 괴롭혀> [출처: 문화일보]

<중국의 여성들은 '전족 해방 운동'을 환영했을까>
[출처: 조선일보]

> 신문 내용 쉽게 이해하기

우리의 삶에도 '보이지 않는 전족'이 있을까?

'작은 발이 아름답다.' 오랜 시간 동안 중국에서는 전족이 아름다움의 기준이 되어왔다. 전족의 시작은 약 10세기 송나라 시기로 명나라부터 20세기 초 청나라 말기까지 전성기를 이루었다. 1000년 가까운 시간 동안 전해져 내려오던 이 기준은 1911년 신해혁명 이후 점차 사라지다가 1949년 중화인민공화국의 성립 이후 본격적으로 금지되었다.

사람이 사람답게 살기 위해 꼭 필요한 자유가 사회적 제도나 문화, 편견 때문에 억압된 경우, 우리는 사회적 자유를 상실했다고 말할 수 있다. 전족은 그 예로, 아이들에게 정해진 미의 기준에 맞춰 나를 표현할 수 없고, 자신의 삶 전체가 자유롭지 못하게 되는 단편적인 고통을 살펴보게 한다.

전족은 단지 작은 발을 가져야 한다는 아름다움의 상징을 넘어 좋은 가문에 시집갈 수 있는 혼인의 조건으로 신분이 상승하는 수단이 되기도 했다. 또한 전족을 한 여성은 자기 발로 갈 수 있는 거리가 제한되었으며, 먼 거리를 가야 할 때에는 걸을 때 반드시 남의 도움에 의존하거나 지팡이를 짚고 걸어야 했다. 이동의 자유까지 상실한 삶을 살아야 한 것이다. 전족은 여성이 아무 데도 가지 못하게 하는 족쇄였다. 시대에 따라 미의 기준은 변화해 왔다. 그러나 긴 시간 동안 아름다움의 기준이 된 '작은 발'은 어떤 의미였을까? 아이들에게 전족의 사진을 보여주고 의미를 하나하나 살펴보는 시간은 사회적 자유가 억압되었던 여성의 삶을 살펴보며 외부의 힘 없이 나를 표현할 수 있는 시간의 소중함을 간접적으로 느낄 수 있게 한다.

우리 삶에도 '보이지 않는 전족'이 있을까?

겉으로는 드러나지 않지만, 여전히 사람의 자유와 인권, 특히 여성의 몸과 삶을 제한하는 사회적 압력이 여전히 존재한다. 옛날엔 발을 묶었지만, 지금은 마음을 묶고 있을지도 모를 '보이지 않는 전족'에 대한 이야기를 나눠보는 것도 추천한다.

신문에서 책으로 생각 넓히기

렌세이 나미오카 글, 최인자 옮김

『큰발 중국 아가씨』, 달리, 2006
원제: Ties That Bind, Ties That Break

책 내용 쉽게 이해하기

"전족만큼 고통스러운 일은 세상에 없다."

『큰발 중국 아가씨』 표지에는 단발머리의 소녀가 우산을 들고 서 있다. 중국 전통 의상을 입고 단정한 옷차림을 한 소녀의 뒷모습을 보면, 그저 전통 중국 소녀의 아름다운 이야기가 펼쳐질 거라 생각하게 된다. 하지만 좀처럼 제목과 표지 그림이 연결되지 않아 궁금증을 불러일으킨다. 중국 아가씨 앞에 놓인 '큰발'이라는 수식어 때문이다. 우리는 '전족'의 역사와 고통을 알기 전까지 이 책의 제목이 얼마나 도전적이고 용기 있는 소녀의 이야기인지 알 수 없을 것이다.

이 책은 전족을 해야 하는 여자아이가 전족을 거부하고 외국인 선교사에게 신식 교육과 영어를 배우며 자신의 삶을 찾아 전통과 맞서는 이야기를 담고 있다. 좋은 가문과 혼인을 맺기 위한 가장 중요한 조건은 '신부의 발이 얼마나 작은가?'였다. 이 책의 주인공은 혼인을 맺기 직전 "아직도 발을 묶지 않으셨나요?"라는 질문과 함께 혼사가 깨지게 된다. 여자아이들은 발을 묶어 놓으면 돌아다니지 못하게 되고, 자수 같은 규수다운 일에 시간을 쏟게 된다며 전족을 강요하던 시대였던 것이다.

프롤로그에서 주인공은 전족의 고통을 말하며 이 책을 시작한다. "뾰족구두를 신고 걷는 것은 거의 전족을 하는 것만큼이나 고역스러운 일이다. 아니, 그건 사실이 아니다. 전족만큼 고통스러운 일은 세상에 없다." 전족을 한 발에서는 아주 고약한 냄새가 났으며 살 끝에 처참한 살덩어리가 달려 있었다고 회상하는 주인공의 시선을 통해 우리는 사회에서 만들어낸 그릇된 기준 때문에 천 년 동안 고통 받고 억압 받은 여성들의 자유를 생각하게 된다. 그래서 전족을 거부하고 자신의 길을 당당히 걷는 주인공의 이야기는 사회적 문화와 풍습, 편견 때문에 자신의 자유를 포기했던 당시 여성들의 삶에서 벗어난 실험적인 모습을 보여준다. 우리는 주인공의 모습을 보며 진정한 자유를 찾아 나선 그녀의 행복과 기쁨을 함께 느낄 수 있다.

신문과 책으로 상상하기

1. 인물

– 주인공은 전족을 따르는 여자아이일까?

– 주인공은 전족을 따르지 않는 여자아이일까?

– 전족을 시켜야 하는 부모일까?

2. 배경

– 주인공은 전족이 가장 전성기였던 시대에 살고 있을까?

– 전족이 금지되기 시작한 시대에 살고 있을까?

3. 사건

– 주인공이 전족을 고민할 때 어떤 기분이었을까?

– 다른 사람이 전족을 한 발을 봤을 때 어떤 기분이었을까?

– 자유롭게 다닐 수 없었던 주인공에게 어떤 사건이 발생했을까?

– 전족을 거부하고 어떤 삶을 살게 되었을까?

상상한 이야기를 글로 쓰기

전족을 바라보는 소녀의 고민 그리고 선택

전족을 주제로 글을 쓸 때 크게 세 가지 인물을 상상해 볼 수 있다. 내가 전족을 따르는 여자아이라면? 반대로 전족을 따르지 않는 여자아이라면?

그리고 전족을 시켜야 하는 부모라면? 이렇듯 다양한 입장에서 글을 써 본다면 다양한 관점에서 전족의 고통과 억압된 자유를 표현할 수 있다. 이때, 주인공이 살아가는 시대를 선택한다면 또 다른 이야기가 펼쳐질 수 있다. 전족이 전성기를 이루었던 시대에서 전족을 따르지 않는다면 그 삶이 얼마나 힘겨웠을지 상상할 수 있다. 전족이 금지되기 시작했던 시대에 전통을 따르려던 부모와 변화를 환영하는 주인공의 갈등을 담을 수도 있다. 이를 통해 인물과 배경의 다양한 구성을 할 수 있을 것이다.

전족을 할 때의 고민과 다른 사람의 발을 바라보는 주인공의 마음을 짐작해 보는 문장을 직접 써보면서 아이들은 간접적으로 내가 전족을 바라보는 주인공이 되어 고통을 느끼고 슬픔을 나누며 자유의 소중함을 깨닫게 될 것이다.

예시 작품 살펴보기

신나게 달리는 날 조재인(중1)

세상이 변하고 있다. 나는 책가방에 책을 챙기며 생각했다. '나도 공부를 할 수 있다니!' 마루에 앉아 수를 놓던 친구들의 모습이 생각났다. 내 친구도 함께 학교에 간다면 얼마나 좋을까? 하지만 세상이 변하더라도 아직까지도 발이 작아야 좋은 가문에 시집갈 수 있다고 믿는 아버지의 뜻을 꺾을 수 없는 나의 친구는 여전히 바늘에 고운 실을 꿰며 고개를 숙이며 아래를 보고 있다.

　책가방을 메고 신발을 신었다. 나의 신발은 낡았지만 그 어떤 신발보다 아름답다. 나는 조금씩 발이 자라고 그때마다 아버지는 누가 물려줬다는 신발을 가져오신다. 나는 낡은 신발이어도 내 발을 넣을 때의 기쁨을 숨길 수 없다. 게다가 신발을 신고 걸을 때 하늘을 날 것 같은 그 기분은 어떤 말로도 표현할 수 없다. 우리 아버지의 결심은 대단했다. 나라에서 이제 전족을 따르지 않아도 된다고 말했지만 끝까지 발이 작아야 아름답고 좋은 집에 시집가 편하게 살 수 있다고 생각하는 어른들의 뜻과 팽팽히 맞섰다. 우리 아버지도 할아버지와 할머니의 강한 의지 때문이었을까? 나의 발에 단단한 끈을 묶을지 말지 고민을 하시는 것 같았다. 깨어 있는 사람이 되고 싶은 마음과 그래도 전통을 이어 나의 딸이 잘 되었으면 하는 마음이 공존하셨을 것 같다. 그러던 어느 날, 이웃의 불행을 목격한 아버지는 결심을 하셨다.

　그 언니의 곁에 가면 늘 참을 수 없는 냄새가 났다. 나는 어디에서 그 냄새가 나는지 알 수 없었다. 나중에 알게 된 사실이지만 언니의 발을 꽁꽁 감쌌던 끈 때문에 언니는 발을 씻기 어려웠다고 한다. 그 냄새는 꽁꽁 감추어진 발의 살점이 안에서 썩어가며 나는 냄새였던 것이다.

　어렸을 때 언니와 잡기 놀이도 하고 온 동네를 뛰어다녔었지만 언니의 발이 작은 신발에 갇힌 이후로 우리는 단 한 번도 자유롭게 달리지 못했다. 난 언니와 놀고 싶을 때마다 앉아서 놀 수 있는 공깃돌을 가져가거나 그림을 그릴 도구를 챙겨 언니를 찾았다. 그래도 좋았다. 언니는 나의 부축 없이는 걷는 것조차 어려웠다. 그리고 발을 뗄 때마다 고통스러운 소리를 냈지만 함께해서 신나기만 했다.

　그런데 언니의 집에 불이 났다. 한밤중 작은 불씨가 언니의 집을 덮고 잠을 자고 있던 언니는 혼자서 방을 뛰어나올 수 없었다. 언니의 아버지는 뒤늦게 언니를 업고 집을 뛰어나왔지만 언니는 한없이 울기만 했다. 뜨거운 불 가운데 혼자서 뛰어나올 수 없었던 자신의 모습이 언니는 너무나도 힘들었다고 한다. 우리 아버지의 마음속에 있던 끈은 그때 풀렸던 것 같다. 그나마 다행인 것은 언니도 곧 걷고 뛸 수 있을 거라는 소식이었다. 작은 신발에서 벗어나 진정한 자유를 찾은 언니와 놀고 싶다. 언니와 숨이 끝까지 찰 때까지 달리고 싶다.

이정미

교육으로 세상을 바꾼 말랄라

신문 속 이야기 함께 읽기

<10대 파워 블로거가 노벨 평화상을 받기까지> [출처: 한국일보]

<Diary of a Pakistani schoolgirl> [출처: BBC NEWS]

> 신문 내용 쉽게 이해하기

'교육은 나의 자유' 핍박 속에도 포기하지 않은 소녀

말랄라 유사프자이는 17살의 나이에 노벨 평화상을 받은 세계 최연소 수상자다. 그녀는 파키스탄에서 탈레반의 여성 교육 금지 정책에 맞서 싸우며, 블로그를 통해 교육의 소중함과 억압받는 현실을 알리는 글을 썼다.

아직 어린 소녀였던 말랄라는 블로그에 일기처럼 자신의 이야기를 썼다. 탈레반이 점령한 마을에서 여학생들이 학교에 가지 못하는 현실, 매일 들려오는 총성과 공포 속에서도 그녀는 "교육은 나의 자유"라고 말하며 글을 썼다. 그 작은 글들이 퍼져 전 세계 사람들이 읽게 되었고, 다큐멘터리로 만들어졌으며, 세상의 관심을 불러일으켰다.

말랄라는 이렇게 이야기한다. "펜 하나와 한 권의 책이 세상을 바꿀 수 있다." 지금 나의 일상도, 나의 마음도 글이 된다면 어떤 힘을 가질 수 있을까?

기사 속 블로그 소개

필명 사용: 신변 보호를 위해 '굴 마카이(Gul Makai)'라는 가명을 씀

주요 내용:

– 탈레반의 학교 폐쇄 조치에 대한 비판

– 여학생 교육의 소중함과 갈망

– 일상의 공포와 용기, 저항의 이야기

2009년 1월 14일, 수요일 "나는 다시는 학교에 가지 못할지도 몰라요"

오늘 아침 학교에 가는 길에 기분이 좋지 않았어요. 내일부터 겨울 방학이 시작되기 때문이에요. 교장 선생님이 방학을 발표했지만, 개학일에 대해서는 말씀하지 않으셨어요. 이런 일은 처음이었어요.

과거에는 언제나 개학일이 정확하게 공지되었어요. 하지만 이번에는 이유도 없이 아무 말씀이 없으셨죠. 제 생각에는 탈레반이 1월 15일부터 여학생 교육을 금지한다고 발표했기 때문인 것 같아요. 이번 방학은 모두가 그렇게 기쁘지는 않았어요. (후략)

신문에서 책으로 생각 넓히기

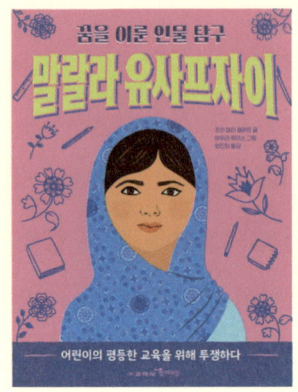

조안 마리 갤러트 글, 아우라 루이스 그림, 양진희 옮김

『말랄라 유사프자이』, 함께자람, 2024.

책 내용 쉽게 이해하기

교육은 억압을 이겨내고 자유를 향해 나아가는 가장 강력한 힘

 이 책은 이슬람권 여성으로서 교육받을 권리를 지키기 위해 목숨을 건 말랄라 유사프자이의 생애를 담고 있다. 책에 등장하는 말랄라의 이야기는 포기할 수 없는 꿈과 자유를 향한 그녀의 강한 열망을 통해, 우리가 현재 당연하게 여기고 있는 교육의 소중함을 되돌아보게 한다.

말랄라의 아버지는 교육자로 딸의 교육에 대한 열망을 지지하며 위험을 무릅쓰고 여자아이들이 학교에서 교육을 받을 수 있게 도움을 준다. 이러한 아버지의 지지 속에서 말랄라는 어린 나이에도 불구하고 탈레반 정부의 위협에 맞선다. 어릴 때부터 배움을 즐거워하고 배움을 통해 더 좋은 세상을 꿈꿔 왔던 말랄라는 배움을 멈추지 않았다. 또한 블로그를 통해 파키스탄에서 아이들에게 일어난 불평등하고 잔혹한 현실을 용기 있게 세상에 알려 교육에 대한 자유를 외쳤다.

수많은 위험과 탈레반의 총격으로 목숨을 잃을 뻔한 위기를 극복한 말랄라는 17살의 나이로 최연소 노벨 평화상을 받으며 지금까지 여성 교육 인권 운동가로 활동하고 있다.

"책과 펜, 교사는 세상을 바꿀 수 있는 가장 강한 무기입니다."

– 말랄라 유사프자이, UN 연설 중 –

이슬람 극단주의를 표방하는 탈레반은 이슬람의 전통을 명분으로 여자아이들에게 교육을 금지하고 있다. 그럼에도 불구하고 어릴 때부터 교육의 중요성을 깨달은 말랄라의 아버지와 말랄라는 배움을 통해 더 좋은 세상을 꿈꿔 왔다. 말랄라는 자신의 꿈을 빼앗은 탈레반에 저항했을 뿐만 아니라 모든 이슬람 여성의 자유와 꿈을 되찾기를 바랐다.

탈레반의 총격에 죽을 고비를 넘긴 말랄라는 영국에서 그녀가 하고 싶은 공부를 마친 후에도 여전히 여성 교육 인권 운동가로서의 활동을 하면서 세상 어딘가 자신과 같은 처지를 겪는 여성들에게 꿈과 자유를 전하고 있다. 말랄라의 이야기를 통해 교육의 자유에 대한 중요성과 여성 인권에 대해 생각해 볼 수 있으리라 기대된다.

신문과 책으로 상상하기

1. 말랄라처럼 블로그 쓰기
– "내가 말랄라처럼 교육을 금지 당한 세상에 산다면, 나는 어떤 하루를 보내고 어떤 마음을 느낄까?"

2. 활동 방법
– 오늘 하루 있었던 일을 '가상의 블로그 일기' 형식으로 쓰기
– 이름 대신 나만의 필명 정하기
– 단순한 사건보다, 내 생각과 느낌, 왜 이것이 중요했는지를 표현하기

3. 가상 상황 설정
어느 날, 우리가 살고 있는 마을에 이상한 규칙이 생겼어요.
'여학생은 더 이상 학교에 갈 수 없다.'
'책을 읽거나 글을 쓰는 것도 금지다.'
'밖에서 자신의 생각을 말하는 것도 위험한 일이다.'
매일 학교에 가는 것이 너무 소중했는데, 이제는 몰래 책을 읽어야 하고, 친구들과의 일상도 사라졌어요.

> 상상한 이야기를 글로 쓰기

두려움 속에서도 자유를 갈망한 소녀의 이야기

    교육받을 권리를 빼앗긴 아이들은 다양한 불평등과 외부의 감시와 억압에 대한 공포를 느낄 것이고, 부당함에 대한 분노와 빼앗긴 자유에 대한 갈망을 느끼게 될 것이다. 남자아이들은 직접적인 피해자는 아니지만 함께 학교에서 생활하던 여자아이들과 분리되어 생활하면서 여자아이들을 바라보는 새로운 시선을 가지게 될 것이다.

    말랄라는 자신이 처한 상황과 이에 대한 자신의 생각과 느낌을 일기 형식으로 블로그에 글을 게재하였다. 이 형식을 빌려서 우리 아이들도 이와 같은 상황의 주인공이 되어 자신이 처한 상황에 대한 생각과 감정을 적어 보는 활동을 통해 자유를 빼앗긴 상황을 간접적으로 경험할 수 있다.

    이 수업의 중심 주제는 '교육에 대한 자유'다. 현재 우리나라의 어린이들은 성별에 상관없이 교육에 대한 권리와 자유를 누리고 있다. 하지만, 이러한 자유는 당연하게 주어진 것이 아니다. 우리나라의 역사에서도 여성이 남성과 동등하게 교육을 받게 된 지 그리 오래되지 않는다. 그뿐만 아니라 아직도 교육의 권리와 자유를 누리지 못하는 아이들이 세계 곳곳에 있다.

    이러한 사실들을 어린이들과 공유하면서 우리가 누리고 있는 자유의 가치를 생각해 볼 수 있다. 우리에게 주어진 자유를 위해 누군가의 희생과 헌신이 있었다는 사실이 교육을 받고 있는 어린이들에게 '교육의 자유'에 대한 중요성을 생각해 보는 계기가 될 수 있을 것이다.

(참고: 함께 읽으면 좋은 책 - 『우리나라 최초의 여성 변호사 이태영』)

예시 작품 살펴보기

몰래 쓴 일기 이정미(교사)

필명: 조용한 별

날짜: 5월 14일

본문: 오늘부터 학교에 가지 못한다. 창밖에서 남자아이들이 떠들며 학교로 가는 소리가 들렸다. 나는 창밖으로 학교 정문을 바라보았다. 정문 앞에는 군인 아저씨들이 서서 아이들을 지켜보고 있었다.

나는 왜 여자라는 이유로 학교에 가면 안 되는 걸까? 엄마는 "조용히 지내야 해!"라고 했지만, 내 마음은 조용하지 않다. 나는 내 방에서 몰래 숨겨둔 책을 꺼내 다시 읽었다. 파키스탄에서 말랄라가 펜 하나로 세상과 싸웠다는 이야기가 떠올랐다.

나는 무섭지만, 오늘 하루의 내 생각을 꼭 써 놓고 싶었다. 나는 말랄라처럼 학교에 갈 용기가 나지 않는다. 제발 다시 옛날처럼 마음껏 학교에 가서 친구들과 함께하고 싶다.

왜 민지는 학교에 못 올까? 이정미(교사)

필명: 조용한 달

날짜: 5월 14일

본문: 오늘부터 학교에 여자아이들이 나오지 않는다. 지난주에 선생님이 말씀하셨다. "여학생들은 다음 주부터 학교에 올 수 없습니다." 처음에는 선생님께서 농담을 하시는 줄 알았다.

여자아이들만 학교에 안 나와도 된다고 생각하니 조금은 부러운 면도 있었다. 하지만 여자아이들에게는 학교를 가는 것이 더 이상 허락되지 않는다고 생각하니 좀 너무한 게 아닌가 싶었다.

내 짝꿍 민지는 나보다 더 책을 좋아하고, 발표도 잘했는데, 민지 자리가 비어 있으니 이상했다. 나는 계속 생각이 났다. "왜 나는 되고, 민지는 안 될까?" 나도 말랄라처럼 이 상황을 꼭 써야겠다고 느꼈다. 민지가 다시 학교에 올 수 있는 날이 왔으면 좋겠다.

02 멸종 사라지는 생명들

위기에 처한 존재들을 구조하는 이야기 상상하기

멸종은 더 이상 지구 위에서 그 생명을 볼 수 없다는 뜻입니다. 한때 섬을 거닐던 도도새, 숲을 울리던 흰부리딱따구리도 이제는 책 속에서만 만날 수 있습니다. 동물 한 종의 멸종은 작은 변화로 보일 수 있지만, 자연 생태계 전체의 균형을 무너지게 하는 엄청난 나비효과를 가져오기도 합니다. 멸종의 원인은 다양합니다. 기후 변화, 화산 폭발, 전염병과 같은 자연적 요인도 있지만, 인간이 만든 오염과 도시 개발, 외래종 침입 같은 인위적 요인도 큰 영향을 줍니다. 북극곰은 녹아내리는 얼음 위에서 버티고, 호주의 코알라는 산불을 피해 도망칩니다. 아메리카 대륙에 전염병이 퍼지면서 함께 살던 동물들까지 사라졌습니다. 지금 이 순간에도 바다, 숲, 하천 곳곳에서 조용히 사라져가는 생명들이 있습니다. 멸종의 다양한 원인을 살펴보고, 우리가 왜 생명을 지켜야 하는지 함께 생각해보는 시간이 필요한 이유입니다.

이 단원에서 함께 생각해요

1) 멸종이란 왜 슬픈 일일까?
2) 우리는 멸종 위기에 처한 생명을 위해 무엇을 할 수 있을까?
3) 인간의 행동이 생태계에 어떤 영향을 주고 있을까?

(김미리)

나는 마지막 도도새입니다

신문 속 이야기 함께 읽기

<자연 보호 운동의 아이콘'이었던 코뿔소 '수단'>
[출처: BBC NEWS 코리아]

<"도도새는 민첩하고 날렵했다"… 우리가 아는 '게으름' 때문 멸종 이유는 거짓 신화> [출처: 뉴스퀘스트]

> 신문 내용 쉽게 이해하기

멸종, 자연의 일부인가 인간이 남긴 흔적인가?

『이상한 나라의 앨리스』에 등장하는 도도새는 멸종된 동물들 가운데 우리에게 가장 익숙한 존재일 것이다. 흔히 도도새는 큰 몸집과 느린 움직임 때문에 멸종되었다고 알려져 있다. 하지만 다양한 기사와 자료들을 살펴보면, 진짜 멸종의 이유는 단순히 그 동물의 특성 때문이 아니라, 인간이 모리셔스 섬에 들어오면서 생긴 변화들과 깊은 관련이 있다. 인간은 무분별한 개척으로 그들의 서식지를 파괴했다. 인간과 함께 온 동물들은 도도새와 먹이를 두고 경쟁했고, 기후 변화와 환경의 급격한 변화는 도도새가 알을 안전하게 보호하지 못하게 만들었다. 이러한 여러 요인이 복합적으로 얽혀, 도도새는 사라질 수밖에 없었다.

이처럼 오늘날 멸종에 이르렀거나 멸종 위기에 처한 생물들을 살펴보면, 단일한 원인보다는 '개발'과 '진보'라는 이름으로 자행된 인간의 활동들이 어떤 결과로 이어졌는지를 보여주는 사례가 많다.

또 다른 예로는, 인간의 특정 목적, 즉, 뿔이나 가죽 같은 자원을 탐내는 이유로 사냥당한 동물들이 있다. 『긴긴밤』에 등장했던 북부흰코뿔소는 뿔을 얻기 위한 끝없는 밀렵의 대상이 되었고, 결국 2018년 마지막 수컷이 45세로 죽으면서 더 이상 새끼를 낳을 수 없는 기능적 멸종 상태가 되었다.

요즘 동물원에 가 보면, 동물마다 '멸종 등급'을 나타낸 안내판이 있다. '취약', '위기', '심각한 위기', '야생 절멸' 등의 단어가 익숙해진 만큼 많은 동물들이 위험에 처해 있다. 다양한 이유로 지금 이 순간에도 지구 어딘가에서 한 종이 사라지고 있다. 이것이 단지 지구 반대편의 낯선 동물 한 마리의 이야기로 끝나지 않는다는 점을 주목할 필요가 있다. 동물도, 인간도 지구라는 커다란 생태계의 일부이기 때문이다. 한 동물이 사라지면 생태계의 균형이 깨지고 그 파장은 결국 우리 삶에도 영향을 준다. 어쩌면 언젠가, 인간 역시 멸종이라는 단어 앞에서 자유로울 수 없을지도 모른다.

멸종은 비단 동물들의 문제일 뿐 아니라 우리의 문제이기도 하다.

신문에서 책으로 생각 넓히기

레이첼 카슨 글, 김은령 옮김

『침묵의 봄』, 에코리브르, 2024.

원제: Silent Spring

루리 글·그림

『긴긴밤』, 문학동네, 2021.

이예숙 글·그림

『우리 곧 사라져요』, 노란상상, 2021.

> 책 내용 쉽게 이해하기

아무 소리도 들리지 않는 봄, 우리는 무엇을 잃었는가?

아무 소리도 들리지 않는 봄. 새들의 노래도, 벌의 날갯짓도, 개구리의 울음도 사라진 세상.

그것은 시작이 아니라, 끝에 다다라서야 우리가 알아차리는 소리 없는 경고였다. 『침묵의 봄』은 단 한 마리의 새도 날지 않는 봄날의 상상으로 시작한다. 이 책에서 말하는 '침묵'은 단순히 조용한 자연을 그리는 것이 아니다. 생명이 사라진 공간, 그로 인해 무너진 생태계의 균형을 보여주는 엄연한 현실의 은유이자, 우리가 외면해 온 경고이기도 하다.

'멸종'이라는 단어를 떠올릴 때, 우리는 흔히 한 종이 사라지는 사건을 떠올린다. 하지만 만약 그러한 사라짐이 축적되어 어느 날 아무 소리도 들리지 않는 하루가 시작된다면 우리는 무엇을 느끼게 될까?

멸종의 과학적 원인이나 통계는 다양한 기사와 책들을 통해 알 수 있다. 그러나 『침묵의 봄』은 한 걸음 더 나아가 인간이 지금까지 자연을 어떠한 태도로 대해 왔는지, 앞으로 어떤 방향으로 나아가야 하는지를 묻는다. 레이첼 카슨은 과학자의 딱딱한 언어 대신, 서정적인 문장으로 인간의 이기적인 발전과 자연이 본래 가야 할 길에 대하여 잔잔하고 분명하게 전달하고 있다. 우리가 지구의 목소리를 어떻게 듣고, 생명과 공존하는 길을 어떻게 선택해야 하는지를 되돌아보게 만든다.

『우리 곧 사라져요』는 사라져 가는 해양 생물에 대한 이야기를 담은 그림책이다. 길을 잃은 민팔물고기가 바닷속에서 가족들을 찾아 헤매며 친구와 가족을 잃은 다른 바다 생물들을 만난다. 바다에서 벌어지는 일들에 대해 무기력하게 지켜볼 수밖에 없는 그들의 모습이 아이의 손안에 담긴 그림책 속에서 잔잔히 전달된다.

『긴긴밤』에 등장하는 주인공들도 자신을 둘러싼 환경들이 변화하고 자신들의 삶이 무너지고 있지만 그들이 할 수 있는 일이라곤 오늘을 견디고 주변을 바라보는 일이다.

『침묵의 봄』은 단지 옛날의 경고가 아니다. 지금 이 순간에도 멸종 위기에 처한 수많은 생명들이 우리 주변에 존재한다. 도도새는 이미 사라졌고, 북부흰코뿔소는 마지막 수컷의 죽음과 함께 더 이상 새끼를 남길 수 없게 되었다.

이제 우리는 세 권의 책을 통하여 멸종이 인간의 책임인 것인지, 받아들여야 하는 자연의 섭리인지를 곰곰이 생각해보아야 한다.

신문과 책으로 상상하기

1. 인물

- 나는 누구일까? 멸종 위기의 동물? 이미 멸종된 동물?(도도새, 북부흰코뿔소 등) 또는 동물과 함께 사는 인간!?
- 나는 어떤 삶을 살아가고 있을까? 위험을 느끼며 살아가는 중일까?
- 나는 어떤 성격을 가진 존재일까?

2. 배경
– 이야기는 어느 공간에서 펼쳐질까?(북극, 밀림, 바닷속, 도심 근처의 숲 등)
– 그곳은 어떤 위협을 받고 있을까?

3. 사건
– 나의 삶에 어떤 변화가 찾아왔을까?
– 가족이 사라졌는가? 먹이를 찾기 어려운 상황인가? 갑자기 인간이 나타났는가?
– 나는 그 사건 속에서 어떤 감정을 느꼈는가?
– 그 사건은 나의 미래에 어떤 영향을 주었을까?
– 이 이야기를 남기는 이유는 무엇일까?

상상한 이야기를 글로 쓰기

사라지기 전에 남아 있는 이들에게 전하는 이야기

멸종에 관한 이야기를 쓸 때 다양한 동물의 입장에서 또는 멸종을 지켜보는 입장에서 글을 써 볼 수 있다. 우리는 때때로 '멸종'이라는 단어를 듣고 아프리카 어딘가에서 사라진 사자나 코끼리에 대한 이야기이겠거니 생각한다. 하지만 정말 그럴까?

넷플릭스 영화 〈돈 룩 업〉에서는 지구를 향해 거대한 혜성이 다가오는 상황에서도 정치, 경제, 언론, SNS, 인간들의 이해관계에 묶여 사람들이 본질을 외면한 채 끝없이 주변을 맴돈다. "지금 행동하지 않으면 다 사라진다."라는 외침이 들리지만 그 외침은 너무 작고 사람들은 너무 바쁘다. 당장 해결해야 하는 지극히 개인적인 문제들로도 하루가 벅찬 세상 속에서 그런 것들은 나와 다른 문제라고 여기고 하나의 소비되는 주제 정도로 여긴다. 멸종의 문제도 마찬가지다. 그것은 멀리서 누군가 겪는 특별한 일이 아니라 매일 우리 곁에서 벌어지고 있는 일상이다.

『침묵의 봄』에서 레이첼 카슨은 환경을 파괴하는 것은 거대한 기업이나 농약만이 아니라, 우리가 '조금 덜 편한 삶'을 감수하지 않으려는 선택들이 쌓인 결과라고 말한다. 사라지는 것은 우리가 한 번도 고마워하지 않았던 봄마다 들리던 새소리, 밤하늘을 날던 곤충, 길가의 이름 모를 풀꽃들이다.

『긴긴밤』의 북부흰코뿔소 노든의 여정은 홀로 남은 단 하나의 코뿔소의 삶을 들여다보게 해 준다. 코에 달린 뿔로 인해 끊임없이 밀렵의 대상이 되고 동물원에 들어왔을 때마저도 위험을 낮추기 위해 뿔을 잘라내야 하는 존재였다. 동물원 밖에서도 마지막 남은 존재라는 것을 인지하지 못한 채 이름 없는 펭귄을 살리기 위해 펭귄과 함께 긴긴밤을 보내는 코뿔소의 심경은 어떠했을까. 무엇을 두려워했고, 무엇을 사랑했을까? 사라져가는 존재의 입장에서 우리는 무엇을 느낄 수 있을까?

멸종이라는 것은 단순히 나의 생명이 사라진다는 것을 넘어서 나와 같은 모든 종들의 사라짐을 의미한다. 사라진다는 것의 의미를 조금 더 깊게 고민해보며 우리의 이야기를 담아보자.

> 예시 작품 살펴보기

나는 도도새입니다. 마지막 남은 도도새입니다. 하재인(초6)

    이곳은 모리셔스 섬이다. 세상에 낙원이 있다면 이곳이 낙원이지 않을까? 아름다운 세상이 이곳이다. 나는 하늘을 날며 느끼는 행복은 모르지만, 이곳에 있다면 몰라도 될 듯했다. 나는 아내도 있고 딸과 아들도 있다. 우리 모리셔스 섬에 새로운 친구들이 왔다. 키도 크고 몸집도 꽤 컸다. 우리의 새 친구들을 맞이하기 위해서였는지 아니면 호기심 때문이었는지 모르겠지만 우리 아들은 빠르게 달려나갔다. 그 순간, 새 친구들은 아들의 목덜미를 들어 올렸다. 그러더니 차마 내 눈으로 볼 수 없는 그런 끔찍한 광경이 펼쳐졌다. 배에 뾰족한 것을 찔러 넣더니 배에서 피가 터져 나왔다. 그러더니 잠시 뒤에 불 위에 올려놓았다. 주변에서도 그 광경을 목격하던 도도새들은 비명을 지르며 도망갔다. 끔찍하다는 말로도 다 표현이 안 되는 일은 하루에 대여섯 번이나 일어났다. 우리 가족은 겁에 질려서 숨어 있었지만 아무 소용이 없었다. 주변에 있던 가족들은 하나, 둘씩 사라지기 시작했고 결국 내 아내와 딸도 잡혀갔고 죽게 되었다. 그러다 보니 내가 마지막 남은 도도새가 되었다. 나는 도도새이다. 나는 마지막 남은 도도새이다.

나는 도도새입니다. 마지막 남은 도도새 입니다.

이곳은 모리셔스 섬이다. 세상에 낙원이 있다면 이곳이지 않을까? 아름다운 세상이 이곳이다. 나는 하늘에 날아다니는 행복은 모르지만 이곳에 있다면 몰라도 될 듯했다. 나는 아내도 있고 딸과 아들도 있다. 우리 모리셔스 섬에 새로운 친구들이 왔다. 키도 무지 크고 몸집도 컸다. 우리의 새 친구들을 맞이하기 위해서 엠지 아닌 호기심 때문이었는지는 모르겠지만 우리 아들은 빠르게 달려 나갔다. 그 순간 새 친구들은 아들의 목덜미를 들어올렸다. 그러더니 나는 내 눈으로 볼 수 없는 그런 끔찍한 광경을 보았다. 배에 뾰족한 것을 절러 넣더니 배에서 피가 터져 나왔다. 그러더니 잠시 뒤에 불속에 올려 놓았다. 주변에서도 그 광경을 보고 있던 도도새들은 비명을 지르며 도망갔다. 끔찍하다는 말로도 다 표현이 안되는 일은 하루에 대 여섯번이나 일어났다. 우리 가족은 집에 질려서 숨어 있지만 약소용이 없었다. 주변에 있던 가족들은 하나 둘 씩 사라지게 시작했고 결국 내 아내와 딸도 잡혀가고 죽게 되었다. 그러다보니 내가 마지막 남은 도도새가 되었다. 나는 도도새다. 나는 마지막 남은 도도새다.

(이인재)

밀렵에 희생된 어린 고릴라

신문 속 이야기 함께 읽기

<어쩌다 여객기 화물칸에…생후 5개월 새끼 고릴라 극적 구조>
[출처: 중앙일보]

> 신문 내용 쉽게 이해하기

멸종 위기의 그림자, 밀렵, 밀수라는 이름의 거래

　이스탄불 공항에서 구조된 새끼 고릴라의 이야기는 단순한 동물 구조 뉴스가 아니다. 나이지리아에서 태국으로 밀수되던 중 항공 화물칸 상자 안에서 발견된 자이틴은 생후 5개월가량의 새끼 고릴라였다. 구조된 이후 시민 투표를 통해 '올리브'를 뜻하는 이름, 자이틴(Zeytin)을 얻었고, 지금은 이스탄불 동물원에서 보호받으며 차츰 환경에 적응해가고 있다. 표면만 보면 이 이야기는 구조와 회복의 따뜻한 뉴스처럼 보인다. 그러나 교실에서 이 이야기를 다룬다면, 그 이면에 감춰진 구조의 전제를 함께 들여다보아야 한다.
　밀수는 대개 새끼 고릴라를 목표로 한다. 어미보다 작고 다루기 쉬우며, 소리를 내지 않도록 통제하기 쉽기 때문이다. 그러나 새끼를 얻는 방식은 철저히 폭력적이다. 어미 고릴라는 총에 맞고, 근처에 있던 다른 고릴라들까지도 무차별적으로 희생된다. 총성이 멈추고 나면, 살아남은 새끼가 있는지를 확인한다. 살아 있다면, 그제야 인간의 손에 들어오게 된다. 결국 밀수란 한 마리를 데려오는 일이 아니라, 수많은 생명을 제거한 끝에 남은 단 하나를 데려오는 일이다. 자이틴 한 마리의 생존은 어쩌면 수십 마리의 죽음을 전제로 한다. 이야기를 따라가며, 아이들은 자연스럽게 질문을 품는다. '고릴라는 왜 사람에게 잡혀야 했을까?', '우리는 보호한다고 하지만, 고릴라에겐 그게 진짜 보호일까?', '진짜 안전한 곳은 어디일까?' 이러한 질문은 공존이라는 추상적인 개념을 자신의 언어로 풀어가는 계기가 된다.

  자이틴은 현재 안전한 보호소에 있지만, 이미 야생은 그의 고향이 아닐 수 있다. 인간이 만든 공간이 과연 진정한 보호일 수 있는가? 우리가 생각하는 보호와 동물이 느끼는 현실 사이에는 분명한 간극이 있다. 수업에서는 이 사건을 단순히 '구조 뉴스'로 소비하지 않고, 밀렵과 밀수가 생명에 어떤 흔적을 남기는지, 인간의 선택이 자연을 어떻게 바꾸는지를 함께 성찰해볼 수 있다.

신문에서 책으로 생각 넓히기

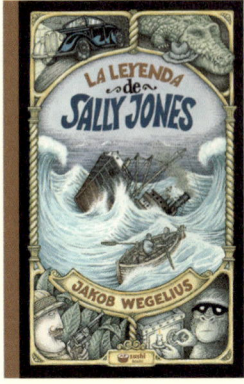

야코브 베겔리우스 글·그림, 박종대 옮김

『샐리 존스의 전설』, 산하, 2016.

원제: Legenden om Sally Jones

책 내용 쉽게 이해하기

"동물도 감정과 기억이 있어, 상처받기도, 치유되기도 해요."

이 책의 주인공은 이름도, 고향도, 자유도 빼앗긴 채 인간 세계에 던져진 고릴라의 이야기이다. 단순한 동물 모험담이 아니다. 밀렵과 밀수, 착취와 학대 속에서도 살아남고 결국 운명을 스스로 개척해 나가는 존재의 이야기다.

아프리카 콩고의 열대우림에서 태어난 새끼 고릴라는 어느 날 갑자기 인간에게 납치당한다. 그 고릴라에게 '샐리 존스'라는 이름이 붙여진 건 터키 상인이 유럽으로 데려갈 때 비싼 관세를 피해 사람처럼 위장시키려는 얄팍한 속셈 때문이었다. 고릴라는 아기인 척 포대기에 싸여 낯선 땅으로 팔려 간다. 거절당하고, 병들고, 시장에 내던져진 주인공 고릴라의 모습은 인간 탐욕의 거울이 된다. 누군가의 장난감이 되고, 도둑으로 이용당하다 결국 버려지기도 한다. 그러나 이 책은 그 고통의 순간만을 보여주지 않는다.

주인공 고릴라는 고통 속에서도 배움을 멈추지 않는다. 마술을 배우고, 글을 익히며, 점점 '도구'가 아닌 '존재'로 성장한다. 글을 쓰고, 기계를 다루고, 친구를 위해 목숨을 건 탈출을 감행하며 그는 점점 더 인간다움을 보여주는 존재가 되어 간다. 아이러니하게도 고릴라의 모습은 인간보다 더 인간답다.

이 책은 묻는다. "동물은 왜 인간에 의해 길들여지고 팔려야 하는가?", "인간은 다른 생명을 어떤 시선으로 바라보는가?"

주인공은 오랑우탄 친구를 만나고, 다시 헤어지고, 무수한 착취와 배신을 겪으며 끝내 성장해 간다. 그리고 마침내 고향 땅 콩고로 돌아갈 기회를 얻는다. 그러나 그는 고향에서 잠시 머물다 그를 도왔던 인간인 보스와의 항해의 모험을 선택한다. 이 선택은 단순한 우정 그 이상이다. 그것은 자신을 상품으로 취급했던 세계를 향한 조용한 저항이며, '존재로서 살아가려는' 의지의 표현이다.

책 속에는 슬픔과 분노, 연대와 회복이 교차한다. 고릴라 샐리 존스는 말할 수 없지만, 분명히 기억하고 느끼며 선택하는 존재로 그려진다. 이 그림

책은 아이들에게 생명을 소비하지 않는 태도, 다름을 이해하고 공존하는 자세, 그리고 타인의 고통을 기억하는 감수성을 길러준다. 『샐리 존스의 전설』은 아이들에게 평범한 모험 이야기가 아니다. 인간이 만든 고통을 감내하고, 그 속에서도 삶을 개척하는 생명의 기록이다. 이 책을 통해 우리는 아이들과 함께 생명, 공존, 책임에 대해 더 깊이 있는 대화를 나눌 수 있다.

신문과 책으로 상상하기

1. 숲에서 자유롭게 살던 동물들이 갑자기 사람들에게 잡히면 어떤 기분일까? 그럴 때, 동물들은 어떤 생각을 할까?
2. 밀렵과 밀수는 사람에게는 이익이 될 수도 있지만, 동물들에게는 어떤 해를 끼칠까?
3. 기사 속 자이틴처럼 힘든 상황에서도 희망을 가질 수 있을까? 그런 희망은 어디에서 올까?
4. 밀렵이나 밀수를 당한 동물은, 자신을 이용한 사람들을 보면 어떤 기분이 들까?
5. 그런 동물의 입장을 떠올려 보면, 우리는 동물들에게 어떻게 행동해야 할까?

> 상상한 이야기를 글로 쓰기

"고릴라의 친구가 될 수 있을까?" 멸종이 아닌 공존의 이야기

멸종을 주제로 한 글쓰기는 아이들이 다양한 시선으로 세상을 바라보고, 상상력을 발휘할 수 있는 계기가 된다. 밀수되어 가는 어린 고릴라, 숲에서 고릴라를 처음 만난 밀렵꾼의 아들, 고릴라를 구하려는 또래 아이, 공항 직원, 또는 밀반입된 고릴라를 우연히 마주한 아이 등 각기 다른 시점을 가진 인물들이 주인공이 될 수 있다.

고릴라는 인간에게 착취되거나 도구처럼 다뤄질 동물이 아니다. 그들에게는 숲이라는 고향이 있었고, 바나나 향기 나는 나무 위에서 함께 졸던 친구들이 있었다. 바람을 타고 자유롭게 뛰놀던 기억은 단지 생태 정보가 아니라, 마음으로 기억되는 존재의 목소리를 떠올리게 한다. 하지만 현실은 갑작스럽고 잔인하다. 엄마의 품에서 떨어지고, 차가운 상자에 갇혀 바다를 건넌 어린 고릴라는 자신이 원하지 않은 길 끝에서야 구조라는 이름의 공간에 도착한다.

아이들은 자이틴의 구조 이야기를 읽으며, 구조되지 못한 수많은 생명도 함께 마음속에 떠올린다. 이야기를 따라가며 아이들은 자연스럽게 공존에 대한 생각을 키워나간다. 자이틴이 머무는 보호소는 이제 더 이상 고향이 아닐 수 있다. 인간이 만든 공간이 정말로 생명을 위한 보호일 수 있는지, 우리가 믿는 '보호'의 의미와 동물이 겪는 현실 사이에는 어떤 차이가 있는지 돌아보게 된다.

　수업은 이 사건을 단순한 구조 뉴스로 소비하지 않는다. 밀렵과 밀수로 사라지는 생명의 무게를 함께 느끼고, 인간의 선택이 자연과 생명에 어떤 흔적을 남기는지를 성찰해보는 과정으로 이어진다. 글을 쓰는 동안 아이들은 생명을 소비하지 않는 태도, 타인의 고통을 기억하는 감수성을 스스로 익혀간다. 고릴라와 함께 살아간다는 상상은 생명, 공존, 책임이라는 주제를 자기 언어로 표현해보는 기회가 된다. '고릴라의 친구가 된다는 것'은 곧, 우리가 함께 살아가는 세계를 어떻게 지켜낼지를 되묻는 일로 이어진다.

예시 작품 살펴보기

벤지 이루리(중2)

　너무나 더운 한여름, 중앙아프리카 외딴 숲에서 나는 눈을 떴어. 그러나 눈을 똑바로 뜨진 못했어. 나뭇잎 사이로 뚫고 나오는 엄청난 햇빛 때문에 고생을 좀 했거든. 그래도 주변에 많은 고릴라들이 있다는 건 느낄 수 있었어. 다들 날 바라보는 시선이 느껴졌어.

　태어난 이후 난 행복하게 지냈어. 엄마와 함께 여러 열매들을 따먹으며 주변 숲을 구경했고, 친구들과 함께 나무 아래에서 놀기도 했어. 하루하루가 너무나 재밌고 내일이 기다려졌지.

　그렇지만 그런 좋은 시간은 오래가지 못했어. 난생 처음 들어보는, 귀가 찢어질 것 같은 굉음이 들렸어. 엄마는 날 데리고 달렸어. 엄청나게 달렸지. 엄마가 날 안고 그렇게 빨리 뛰는 건 처음이었어! 바람 때문에 눈도 제대로 뜨지 못했지. 다시 한번 엄청나게 큰 소리가 들렸고, 이번엔 아까보다 더 크게 들렸어. 엄마는 갑자기 멈췄고, 날 안은 채 그대로 쓰러졌어. 난 어쩔 줄 몰라 그 자리에 가만히 있었고, 곧 이상한 무언가가 나에게 가까이 와서 엄마 품에서 날 데려갔어. 영문도 모른 채 저항도 하지 못하고 엄마 품에서 떨어졌지. 주변을 둘러봤어. 날 안은 무언가는 엄청나게 커서 주변이 꽤 잘 보였어. 나랑 같이 놀아주던 모든 고릴라가 다 쓰러져 있었어.

무언가는 날 이상한 곳에 넣었고 곧이어 내 친구들도 같이 왔어. 조금은 마음이 편했어. 혼자가 아닌 자주 놀던 친구들과 같이 있었으니까. 잠시 후 점점 내가 항상 놀던 곳과 멀어졌어. 온통 파란색이야. 친구들과 같이 울었지만, 별 소용 없었어. 엄청나게 울고선 난 엄청 깊은 잠에 빠졌어.

일어나니 처음 보는 곳이었어. 엄청나게 시끄럽고 내가 다 처음 보는 것들이었어. 주변을 더 둘러보니 나 혼자였고 난 금세 겁에 질렸지.

그러다 어떤 모자 쓴 무언가가 내 앞 바로 가까이 오곤 이상하게 말했어. 그러더니 그 무언가가 날 꺼냈고 이상한 박스에 넣어졌어. 얼마나 시간이 흘렀는지 모르겠어. 내가 지금 꿈을 꾸고 있는 걸까? 엄마와 친구들은 어디 있지? 여긴 어디고 뭐 하는 곳인지 하나도 모르겠어. 곧 무언가는 어떤 곳에 멈췄고 그 무언가는 엄청나게 큰 곳에 날 데리고 들어갔어.

냄새가 엄청나게 고약했어. 똥 냄새랄까? 아까처럼 귀가 찢어질 것 같은 소리는 들리지 않았지만 이상한 소리는 났어. 멈추지가 않아… 난 좀 그만 듣고 싶은데 말야.

　이상한 무언가는 계속 앞으로 향했어. 그러다 곧 멈췄지. 멈춘 곳을 둘러보니 엄청나게 평화로워 보이는 곳이었어. 아까보단 다르게 잔잔한 소리가 들렸어. 따뜻해서 그런지 긴장이 풀리고 잠도 오던 찰나 모자 쓴 무언가가 내 앞으로 다가왔어. 곧 나는 또다시 긴장을 했지만 그 무언가는 뭐랄까, 나에게 악감정은 없는 것 같았어. 나에게 조심조심 다가와 잘해줬어. 무언가의 마음이 전해진 것 같았고 그냥 나도 가만히 있었어. 여기서 얼마나 지냈는지 모르겠네. 난 그동안 수화라는 걸 배웠어. 덕분에 그 무언가와 간단한 대화 정도는 할 수 있었고 그 무언가는 인간이라는 걸 알게 되었어. 많은 단어들도 알아냈고!

　인간은 나에게 예쁜 옷들도 입혀줬고 내가 여기서 잘 생활할 수 있도록 많이 도와줬어. 그렇지만 내가 생활하는 곳 외에는 나갈 수 없었어. 문이 잠겨 있기 때문이야.

　이상하게도 그 인간은 아침 일찍 나가 저녁 6시쯤 되는 빨간 저녁이 되어서야 돌아왔어. 인간이 없는 시간엔 많은 활동들을 하지만 재미도 잠시 금세 심심해져. 인간이랑 노는 게 더 재밌는 것 같아.

　오늘도 똑같이 심심해서 그냥 누워 있었는데 인간이 무슨 일을 하는지 갑자기 궁금해졌어. 간단한 대화 정도는 가능하니까 이따가 인간이 오면 물어봐야겠다는 생각만 가득이야. 어라? 발걸음 소리가 들려. 아직은 해가 쨍쨍한데 벌써 왔나? 그래도 궁금증은 못 참겠어서 슬쩍 문고리를 돌렸어. 오! 문이 열려 있었어. 난 문을 벌컥 열었어. 그리고 난 괜히 문을 열었다는 생각과 함께 온갖 후회밖에 안 들었어.

내가 본 풍경은 나와 같은 고릴라가 예전의 나처럼 상자에 담겨 어떤 방에 들어가는 거야. 문이 닫히는 소리가 들리고 난 더 용감하게 밖으로 나가 봤어.

주위를 더 둘러보니 긴 복도로 쭉 이어져 끝이 어딘지도 모르겠는 길과 방문들이 엄청나게 많아. 너무나 큰 충격이었어. 그때 발걸음 소리가 점점 들려왔지. 난 방으로 들어가지 않았어. 끝이 어딘지도 모르겠고 방문들이 너무나 많은 복도를 달리고 달렸어. 뒤에선 인간의 발소리와 말소리가 들려도 멈추지 않았어. 숨이 턱 끝까지 차 헐떡일 때쯤 머리가 너무 어지러워졌고 힘이 풀렸어. 그리고 그다음부턴 기억이 안 나.

일어나 보니 익숙한 내 방이었어. 그리고 내 앞에는 날 놀아주던 인간이 있었지. 그 인간의 표정은 예전처럼 나랑 놀 때 보던 표정이 아니더라.

그 이후 인간은 날 놀아주지 않았어. 이상한 것들만 잔뜩 가르쳤지 뭐. 예를 들면 자전거 타는 묘기라든가. 제대로 하지 못하면 인간은 수화로 나에게 상처 주는 말을 하거나 아프게 때리기도 했어. 인간이 무서워졌고 그를 만나는 것이 더 이상 즐겁지 않아. 내가 알던 인간이 맞나 의심이 들기도 해.

자전거 타는 묘기는 어디에 사용했냐고? 예전에 내가 여기 처음 왔을 때 들렸던 이상한 음악과 이상한 냄새가 나던 그 장소. 그 장소에서 나랑 인간은 엄청나게 화려한 옷을 입고 다른 인간들 앞에서 묘기를 보여주며 인간들을 웃겨. 그때만큼은 묘기를 잘 성공하면 인간이 나에게 예전처럼 잘 대해 줘서 은근 기분이 좋았어. 실패했을 땐, 다시 생각해서 말하기도 싫다. 묘기가 끝나면 인간은 내가 도망가지 못하게 날 꼭 잡고선 내 방에 들어가. 내가 저번에 본 그 고릴라는 잘 있을까? 저 긴 복도 끝엔 뭐가 있을까 싶은 궁금증이 여기저기 나오고 솔직히 이곳을 도망치고 싶지만 내 힘으로는 할 수가 없어. 또 인간에게 혼나기도 싫고. 그러던 어느 날, 기회가 생겼어. 인간이 오늘은 날 데리고 가지 않았거든! 오늘 아니면 안 된다는 생각과 함께 난 탈출을 준비했어. 잠겨 있는 문을 어떻게 열 수 있을까부터 문제 아니냐고? 길고 얇은 막대기만 있으면 돼. 저번에 인간이 내 방에 갇혀서 뚫는 모습을 봤거든. 인간이 나가는 소리를 들은 뒤 똑같은 막대기로 문을 땄어. 솔직히 이게 되나 싶었지만, 똑! 거리는 소리와 함께 문이 열렸어. 주변을 신중하게 살핀 뒤 길고 긴 복도로 나왔지.

끝이 어딘지도 모르겠는 이 복도를 한 발, 두 발… 갈 때마다 이 선택을 내가 잘한 게 맞을까라는 생각이 들지만 나는 이 생각이 빨리 사라지기를 원했어. 저번에 봤던 고릴라도 생각났지만 애써 무시하며 걷기 시작했지. 노래를 흥얼거리며 무섭지만 조금씩 가니 빛이 보였어. 그 빛이 보이자마자 난 점점 빠른 걸음으로 걸었고, 어느새 나는 뛰기 시작했어. 문을 조심스럽게 열고 밖을 보니 이제야 내 마음이 편해졌어. 마음이 편해지니 힘도 풀리는 것 같았고. 내가 저번에 봤던 높은 건물들과 엄청나게 큰 음악 소리가 났어.

한 발씩 조심스럽게 앞으로 나아가면 나아갈수록 인간들은 모두 날 쳐다봤어. 누군가는 날 보고 놀라 자빠졌고, 소리를 지르고 이상하게 쳐다봤어. 그래도 아무도 날 막거나 하지 않았어. 난 얌전하게 내가 가는 길만 갔고 인간들도 나에게 다가오지 않았거든.

드디어 자유다 싶었던 찰나, 어떤 인간 두 명이 나에게 다가왔어. 그리고 선 날 덮쳤지. 손에 이상한 걸 채웠고 난 예전처럼 엄청나게 큰 상자에 또다시 들어가게 되었어.

이렇게나 짧게 설명해줘서 잘 모르겠다고? 그런데 정말이야. 너무나도 한순간이었기에 발버둥 한 번 못 했어. 이제야 탈출에 성공했는데 또다시 그곳에 들어가는 것일까? 인간에게 엄청나게 혼나겠지? 심장이 엄청 쿵쾅거려서 마음이 진정되지 않았어. 두 눈 꼭 감으며 이제 얼굴도 가물가물한 나의 엄마 얼굴을 떠올려.

다행히 난 내가 원래 있었던 곳에 가진 않았어. 다행 중에 다행일 것일까?

그로부터 난 인간들에게 어떠한 조사 같은 걸 받았어. 그 인간들이 수화를 좀 할 수 있어서 그동안 내가 있었던 일들을 수화로 표현했지. 인간들은 내가 수화를 하는 걸 보면서 항상 알 수 없는 표정을 지었어.

날 많이 챙겨주던 인간처럼 그 인간들도 날 편히 쉴 수 있도록 많이 제공해줬어. 그치만 믿을 수가 없었어. 예전처럼 날 혼내지 않을까 항상 두려워하면서 생활했거든.

그러던 어느 날, 인간들은 나에게 와서 수화로 먼저 말을 걸었어. 내가 원래 살았던 곳으로 돌려준다는 거야. 사실 이 말을 듣고 어떻게 표현해야 할지 잘 모르겠어. 난 어렸을 때부터 이곳에서 지내 왔고 살던 곳으로 돌아가면 무언가 달라질까 싶긴 했지만 일단 알겠다고 했지.

큰 상자에 다시 오르게 되었고 예전에 내가 봤던 온통 파란색인 곳으로 왔어. 인간들에게 물어보니 저건 바다래. 예전에 제대로 못 봐서 몰랐는데 바다는 정말 끝이 없었어. 나의 진짜 집에 가는 길, 난 인간들과 몇몇 수화를 계속 했어. 그들은 나에게 이름도 지어줬어. '벤지'래. 무슨 뜻이냐고 물어보니 따뜻한 존재라고 했나… 아무튼 벤지라는 이름 꽤나 귀엽고 예쁜 것 같아.

나무들이 엄청나게 많은 울창한 숲에서 난 내렸어. 그들은 이곳에서 행복하게 잘 살길 바란다며 포옹도 해주고 내가 숲으로 들어가는 길까지 지켜봐 줬어. 저 인간들이야말로 정말 좋고 착한 사람인 것 같아.

숲을 걷는 내내 기분이 이상했어. 비어 있던 마음이 다시 채워진 것 같아서 좋고, 발 사이로 들어오는 잔디 느낌도 너무 좋은데… 너무 고요한 거지. 그래도 나랑 같은 고릴라는 있을 거라 믿으며 계속 앞으로 향했어.

곧 한 무리가 보였고 그들은 날 엄청나게 반겨줬어. 그들이 날 반겨주니 나도 기분이 좋았고 이상했던 기분도 괜찮아진 것 같아. 그들과 말도 잘 통했고 금방 친해졌어. 인간들과 있는 것보다 말로 표현할 수 없을 만큼 행복해.

내가 알고 있던 내 고향과 많이 바뀌었지만 그래서 더 새로웠어. 그들과 여러 열매를 따 먹으며 주변 숲들도 구경하며 더 알아갔지.

너무나 고요하지만 행복을 찾는 이곳이 진짜 내 고향이야. 이제 여기서 어떤 신기한 일들이 일어날까, 하루하루가 궁금해져.

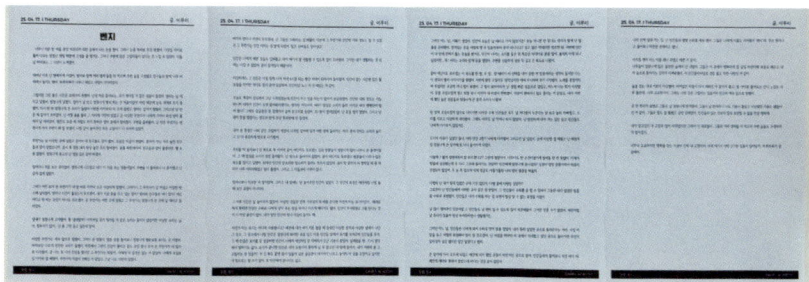

고릴라, 다시 숲으로 설태리(중1)

  그날도 여느 때와 같이 친구들과 놀고 있었다. 그런데 "탕!" 하고 커다란 소리가 숲 전체에 울려 퍼졌다. 새끼 고릴라는 깜짝 놀라며 소리가 난 쪽으로 움직이기 시작했다.

  그리고 다시 한번 "탕!" 하는 소리가 들렸다. 소리가 난 곳에 도착했을 때는 사람들이 있었다. 사람들은 새끼 고릴라를 잡아 상자에 넣고는 숲을 떠났다. 그 상자는 커다란 배에 실렸다. 배는 출발해 도시로 향했다.

  배가 도착하자 새끼 고릴라는 바로 상자에서 나와 도망쳤다. 그러나 얼마 가지 못해 다시 붙잡혔다. 사람들은 고릴라를 시장의 한 가게에서 팔았다. 하지만 아무도 사 가지 않았다. 고릴라는 사람들이 들고 다니는 지갑이나 가방, 팔찌 등을 신기하게 바라보았다. 그러다 잽싸게 손을 뻗어 시장을 구경하던 사람의 손에 들린 작은 가방을 가져왔다. 그것을 본 사람은 아무도 없었다. 단 한 사람, 마술사만 빼고. 마술사는 '저 고릴라에게 마술을 가르쳐 보고 싶다'라는 생각을 했다.

02. 멸종: 사라지는 생명들

그는 고릴라를 사들였고, 고릴라의 마술 실력은 마술사의 예상보다 훨씬 뛰어났다. 마술사는 곧 고릴라를 자신의 마술쇼에 출연시켰고, 얼마 지나지 않아 둘은 엄청난 인기를 얻게 되었다. 마술을 하는 고릴라가 있다는 소문에 많은 사람들이 몰려들었다. 마술사는 더 큰 집으로 이사했고, 고릴라를 정성껏 돌보았다. 둘은 금세 친구가 되었다. 사람들은 고릴라의 이름을 궁금해 했다. 마술사는 무슨 이름을 지어줄지 고민했다. 그러다 눈에 띈 소설책 한 권, 제목은 『고릴라의 모험』이었다. 마술사는 고릴라에게 말했다.

"이제부터 네 이름은 고릴라야" 그는 고릴라가 새로운 이름에 익숙해지도록 자주 불렀다. 처음에는 아무 반응이 없었지만, 곧 고릴라라고 부르면 '왜 불러?'라는 표정으로 마술사를 바라보았다. 마술사와 고릴라의 인기는 멈출 줄 몰랐다. 그러던 어느 날, 마술사는 유명 여배우와 사랑에 빠졌다. 그리고 일은 하지 않고 여배우와 놀러 다니기만 했다.

고릴라는 집에 혼자 있는 시간이 많아졌고, 결국 마술사는 거지가 되었다. 여배우는 그에게 이별을 통보했다. 이제 마술사에게 남은 것은 고릴라 뿐이었다. 마술사는 자신의 모습을 후회하며 다시 일을 시작했고, 다행히 인기를 되찾았다.

그러던 어느 날, 마술사에게 원한을 품은 사람이 밤중에 그를 몰래 죽이고 사라졌다. 사람들은 고릴라가 재산을 차지하려고 마술사를 죽였다고 비난했다. 고릴라는 급하게 도망쳤다. 슬픔에 잠긴 고릴라는 무엇을 해야 할지, 어디로 가야 할지도 모른 채 이곳저곳을 떠돌았다.

그러다 한 여자를 만났다. 그 여자는 고릴라를 자신의 집으로 데려갔다. 그녀의 집은 커다란 저택이었고, 앞마당에는 예쁜 꽃들이 활짝 피어 있었다. 여자는 고릴라에게 음식을 주고, 작은 방으로 데려가 침대에 눕히고 이불을 덮어주었다. 고릴라는 긴장했지만 따뜻하고 포근한 이불에 금세 잠이 들었다.

눈을 떴을 때, 고릴라는 자신이 있던 방이 아닌 어둡고 차가운 다른 곳에 와 있었다. 그 방에는 햇빛이 살짝 들어오는 작은 창문과 책상 위에 여러 도구들이 놓여 있었다. 그때 여자가 들어왔다.

그녀는 고릴라가 반응할 틈도 없이 팔에 날카로운 뭔가를 찔러 넣었다. 고릴라는 온몸에 힘이 빠졌고, 움직이려 해도 움직일 수 없었다. 여자는 고릴라에게 여러 약물을 주입하기 시작했고, 매번 고통이 극심했다. 그런 날들이 매일 반복되었다. 고릴라는 '내가 뭘 잘못했기에 이런 일을 겪어야 하나' 혼란스럽고 너무 괴로웠다.

그러던 어느 날 기회가 왔다. 여자가 나갈 때 문을 제대로 닫지 않고 열어 두고 나간 것이다. 고릴라는 바로 뛰쳐나왔다. 그는 생각했다.

'다른 동물들도 나처럼 고통 받지 않도록 해야겠다.'

(중략)

고릴라는 자신이 원래 살던 곳으로 돌아가고 싶었다. 그는 배를 타기로 마음먹고 어떤 배에 몰래 올라탔다. 배 안 작은 창고에 숨어 지냈지만, 곧 들키고 말았다. 다행히 사람들은 고릴라를 반겨주었다. 그들은 선장에게 고릴라를 원래 살던 곳으로 데려다 주자고 했다. 선장은 잠시 고민하더니 그러겠다고 했다. 고릴라는 너무 고마워서 사람들에게 마술을 보여주었다.

시간이 흘러 배는 어느 곳에서 멈췄다. 고릴라는 도착했음을 알았다.

배에서 내리는 고릴라를 향해 사람들은 손을 흔들어주었다.

고릴라는 '다시 돌아왔다'는 생각에 너무 기뻤다.

사람들은 고릴라가 안 보일 때까지 바라보다가, 조용히 배를 타고 떠났다.

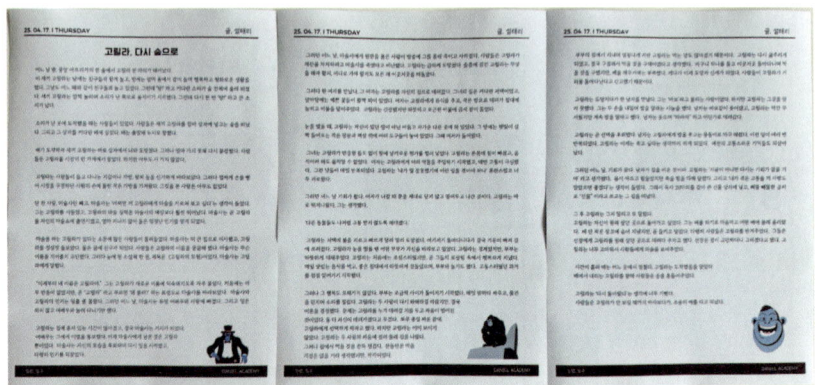

(이정미)

긴점박이올빼미를 지키려는 비극

신문 속 이야기 함께 읽기

<해리포터 편지 배달부 '올빼미'가 멸종 위기라고?>
[출처: 파인드비]

<멸종 위기종 올빼미와 수리부엉이 자연으로 돌아가다>
[출처: 충청일보]

<올빼미 살리려고 다른 올빼미 도살한다?> [출처: 뉴스펭귄]

> 신문 내용 쉽게 이해하기

멸종 위기에 처한 올빼미

영화 〈해리포터〉에서 주인공에게 편지를 전해 주던 올빼미가 멸종 위기에 처했다. 올빼미는 밤에 조용히 날아다니며 사냥하는 야행성 맹금류이다. 귀 모양의 깃털이 없고 동그란 얼굴을 가진 이 새는 우리나라에서도 예전에는 자주 볼 수 있었으나, 지금은 멸종 위기에 놓여 있다.

산을 깎고 오래된 나무를 베는 일, 기후 변화로 먹이가 줄어드는 일이 많아졌기 때문이다. 특히 강원도의 깊은 산에 사는 '긴점박이올빼미'는 살 곳이 점점 줄어들고 있어, 1998년부터 멸종 위기 야생생물 2급으로 지정되어 있다.

이러한 멸종 위기 가운데서도 다행히 반가운 소식이 있다. 대전의 '오월드'라는 생태 동물원은 올빼미와 수리부엉이를 번식시키고, 야생에서 살아가는 훈련을 시켜 자연으로 돌려보내는 데 성공했다. 이번에 자연으로 돌아간 올빼미와 수리부엉이는 각각 4마리씩, 모두 8마리이다. 이들은 모두 천연기념물이자 멸종 위기종이다. 오월드는 한국 늑대 복원에도 성공한 곳으로, 멸종 위기 동물을 지키는 중요한 장소로서 동물원의 긍정적인 역할을 새롭게 제시했다.

이처럼 우리나라뿐만 아니라 세계 여러 나라에서도 올빼미는 위기를 겪고 있다. 예를 들어, 미국에는 '북방점박이올빼미'가 있다. 이 올빼미는 나무가 베어지면서 집을 잃었고, 더 강한 줄무늬올빼미에게 밀려 점점 사라지고 있다. 또한 유럽의 작은 올빼미들도 농약 사용으로 먹이가 줄고, 숲이 사라지면서 어려움을 겪고 있다.

이처럼 올빼미는 세계 곳곳에서 사람들의 활동으로 인해 멸종 위기에 처해 있는 동물이다. 하지만 오월드 동물원의 사례에서 보듯, 사람들이 관심을 가지고 지켜 줄 때 올빼미는 다시 자연 속에서 살아갈 수 있다.

그렇다면 올빼미를 멸종 위기에서 구하기 위해 우리가 할 수 있는 일은 무엇일까? 이 해결책을 찾기 위해서는 멸종 위기의 원인인 벌목에 의한 서식지 파괴와 기후 변화에 대해, 우리가 할 수 있는 일이 무엇인지 함께 생각해 보아야 한다.

신문에서 책으로 생각 넓히기

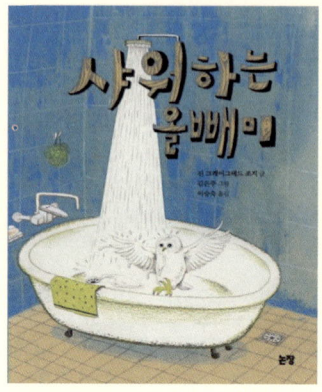

진 크레이그헤드 조지 글, 김은주 그림, 이승숙 옮김
『샤워하는 올빼미』, 논장, 2022.
원제: There's an Owl in the Shower

책 내용 쉽게 이해하기

올빼미와 관계 맺고 자연과 더불어 살아가기

이 책은 실제로 미국 북서부에서 일어난 사건을 바탕으로 만들어졌다. 1990년대, 미국 정부는 점박이올빼미가 멸종 위기에 처했다는 이유로 벌목을 제한했고, 그로 인해 지역 주민들의 생계와 환경 보호 사이에 큰 갈등이 생겼다. 올빼미는 미국 사회에서 생태계 보호의 상징처럼 여겨졌고, '사람의 일자리냐, 자연이냐'를 두고 첨예한 논쟁이 벌어졌다.

이 이야기를 쓴 진 크레이그헤드 조지는 자연과 더불어 살아온 삶을 바탕으로 이 책을 집필했다. 그녀는 수십 년간 숲과 강, 사막에서 생활하며 직접 동물들을 관찰했고, 자신의 아이들과 함께 올빼미를 키운 경험까지 담아 사실적이고 감동적인 이야기를 만들어냈다.

사건의 발단은 점박이올빼미가 멸종 위기종으로 지정되면서 벌목이 금지되고, 그로 인해 벌목을 생계로 삼던 보든 가족이 생계에 어려움을 겪게 되면서 시작된다. 보든과 아빠는 올빼미 때문에 모든 것이 망가졌다고 생각하며 분노한다. 그러던 중, 집에 머물게 된 새끼 올빼미 '바디'를 돌보면서 가족은 점점 변화하기 시작한다. 처음에는 올빼미를 미워하던 아빠도 점차 마음을 열게 된다.

보든 가족의 삶에 들어온 올빼미는 가족의 보살핌 속에서 서로에게 소중한 존재가 된다. 이러한 바디와 함께한 가족의 변화는 사람과 자연이 함께 살아갈 수 있는 희망의 방향을 보여준다.

이 책을 통해 점박이올빼미처럼 멸종 위기에 처한 동물들이 우리 삶과 얼마나 깊이 연결되어 있는지를 생각해 볼 수 있으리라 기대된다. 또한 멸종 위기 동물에 대해 단순히 '자연 보호를 하자'는 주장에 그치지 않고, 현실에서 우리가 어떤 선택을 해야 하는지에 대해 어린이들과 함께 고민해 보길 바란다.

> 신문과 책으로 상상하기

멸종 위기에 놓인 긴점박이올빼미를 살리는 이야기를 써본다

1. 활동 방법
- 긴점박이올빼미나 줄무늬올빼미 새끼 중 한 마리를 골라 주인공으로 정한다.
- 올빼미가 일기를 쓰는 형식으로 이야기를 쓴다.
- 올빼미의 이름, 성격, 꿈을 자유롭게 만들어 본다.
- 이야기의 배경은 '동물보호소'이다.

2. 이야기의 설정
- 어른 긴점박이올빼미와 줄무늬올빼미 사이에 긴장과 갈등이 있다.(서식지 쟁탈)
- 보호소 사람들은 줄무늬올빼미가 너무 많아지자, 줄무늬올빼미를 없애려는 계획을 세운다.
- 주인공 올빼미는 이 상황 속에서 무엇을 느끼고, 어떤 선택을 할까요?
- 갈등 속에서도 함께 살아갈 수 있는 길을 찾아보세요.

> 상상한 이야기를 글로 쓰기

멸종 위기에 처한 긴점박이올빼미 구출 작전

2024년, 미국에서는 줄무늬올빼미의 개체 수의 증가로 긴점박이올빼미의 멸종 위기가 발생하자 줄무늬올빼미를 없애는 계획을 발표하였다. 멸종 위기에 처한 긴점박이올빼미의 보호를 위해 줄무늬올빼미를 죽이는 것에 대해 생태계적인 논란과 생명 윤리에 대한 논란이 되고 있다. 인간의 개입이 생명을 구할 수 있는 방법이 되기도 하지만, 동시에 또 다른 생명을 해치는 일이 될 수도 있기 때문이다.

이러한 상황을 바탕으로 어린이들은 팩션을 쓸 수 있다. 이와 같은 생태계에 문제 상황이 생겼을 때, 인간이 적극적으로 개입하여 해결하는 방법과 자연이 스스로 문제 상황을 풀어 갈 수 있도록 접근하는 방법이 있다. 위와 같은 상황에서도 상대적으로 강한 줄무늬올빼미를 살육하는 방법 외에 모든 생명을 살리면서 함께 살아갈 수 있는 방법을 고민할 수 있을 것이다.

줄무늬올빼미와 긴점박이올빼미는 경쟁 관계에 있지만, 모두 자연의 일부이며 생태계에서 각각 고유한 역할을 한다. 인간은 어떤 기준으로 개입을 정당화할 수 있을지 깊이 고민하는 시간이 될 것이다.

모든 생명을 존중하면서 생태계의 균형을 지킬 수 있는 방법은 무엇일까? 자연이 가진 복잡하고 미묘한 질서를 배우고, 그 안에서 생명이 어떻게 공존할 수 있는지 상상해 본다.

올빼미의 눈으로, 친구의 눈으로, 생명을 바라보는 마음으로 이야기를 써 본다. 긴점박이올빼미와 줄무늬올빼미 새끼들이 한 보호소에서 만나 서로 다른 생각을 이해하게 되는 과정을 상상해 본다. 어른 올빼미들의 갈등 속에서 새끼 올빼미들이 보여 주는 우정과 용기는 어떤 변화를 가져올 수 있을까?

우리의 상상이 더 많은 생명을 살리는 지혜가 되길 기대한다.

예시 작품 살펴보기

토리의 비밀 일기 이정미(교사)

2025년 6월 11일

나는 긴점박이올빼미, 이름은 토리야. 지금은 인간들이 만든 동물 보호소 안에 있어. 여긴 안전하긴 하지만, 밖으로 날아가고 싶어. 푸른 숲, 시원한 밤하늘, 바람 타고 훨훨 날아다니는 꿈을 늘 꿔.

그런데 요즘 어른들이 엄청 싸워. 얼마 전 긴점박이올빼미 어른들이 하는 이야기를 들었어. "줄무늬올빼미는 우리를 밀어내고 있어. 인간들이 그 애들을 없애려고 해서 정말 다행이야. 우릴 살리기 위해선 그 애들이 없어져야 해."

그런데…. 보호소에 줄무늬올빼미 '루크'가 있어. 나랑 같은 날에 이곳에 왔고, 같이 먹이도 먹고 날갯짓 연습도 했어. 루크는 장난을 진짜 잘 쳐. 날 놀라게 하려고 생쥐 인형에 바퀴를 달아서 쫓아오게 만든 적도 있어. 같이 깔깔 웃었지.

근데 지금 루크가 말이 없어. "토리, 혹시 너희 어른들이 우릴 없애기로 했다는 거 진짜야?" 나는 아무 말도 못 했어.

2025년 6월 15일

보호소 밖에서는 지금 인간들이 줄무늬올빼미를 없애기 위한 훈련을 하고 있대. 루크 아빠가 그 소식 듣고 날뛰었어. 우리 엄마랑 아빠는 "그래야 우리가 살아남지."라고 말했어.

근데…. 나 너무 헷갈려. 루크가 사라지면 나도 마음이 아플 것 같아. 나 혼자 살아남는 건 진짜 살아남는 게 아니라고 생각해.

2025년 6월 21일

오늘은 우리가 몰래 쪽지를 적어 인간 선생님한테 줬어. "점박이도, 줄무늬도…. 같이 살 수 있어요. 새끼들은 서로 싸우지 않아요. 우리는 친구니까요."

선생님은 깜짝 놀란 얼굴이었지만, 무척 진지하게 그 쪽지를 읽었어. 그리고 우리를 다 같이 모아놓고 말했어. "다른 방법을 생각해 보자. 같이 살아갈 수 있는 방법을."

우리들의 작은 쪽지가 어른들의 마음을 조금은 움직인 것 같아.

루크의 비밀 일기 고은솔(초6)

2024년 6월 5일

난 줄무늬올빼미 루크다. 최근에 인간들과 점박이올빼미들이 우리 줄무늬올빼미들 몰래 이야기를 나누는 것 같았다. 꽤 심각한 얘기인지 내 친구 토미도 내가 무슨 얘기냐고 물어봤을 때 답하지 않았다. 무슨 얘기일까?

2024년 6월 7일

어제 너무 그 이야기가 궁금해서 몰래 엿들었다. 그 이야기는 인간들이 긴점박이올빼미들이 우리 때문에 멸종될까 봐 우리 줄무늬올빼미들을 죽이려 한다는 내용이었다. 그 이야기를 오늘 부모님에게 말했더니 긴점박이올빼미들과 인간들에게 반대 시위를 하러 간다고 하셨다.

2024년 6월 10일

오늘 토미랑 놀았다. 토미랑 나는 보호소에서 만난 절친이다. 난 내 친구들 중에서 토미가 제일 좋다. 하지만 요즘 사이가 멀어지고 있는 것 같다고 말했더니 토미가 긴점박이올빼미고 내가 줄무늬올빼미라서 토미네 부모님께서 나와 놀긴 놀되, 별로 가까이하지 말라고 경고하셨다고 했다. 난 여전히 토미가 좋은데 어떻게 해야 할까?

2024년 6월 20일

　난 지난 10일 동안 몰래 토미와 만나 계획을 세웠다. 바로 인간들과 긴점박이올빼미, 그리고 줄무늬올빼미들이 다 같이 행복하게 살자는 이야기를 쪽지에 적어 쿠키와 함께 전달하는 것이다!

2024년 6월 21일

　어제 계획한 대로 오늘 토미와 쿠키를 굽고 쪽지를 돌렸다. 작게나마 인간들과 긴점박이올빼미, 줄무늬올빼미가 친하게 지내자는 내용을 전달한 것 같아서 기분이 좋다.

루크의 비밀 일기

고은솔(초6)글.

2024년 6월 5일
난 줄무늬 올빼미 루크다. 최근에 인간들과 점박이올빼미들이 우리 줄무늬 올빼미들 몰래 이야기를 나누는 것 같았다. 꽤 심각한 얘기인지 내 친구 토미도 내가 무슨 얘기냐고 물어봤을 때 답하지 않았다. 무슨 얘기일까?

2024년 6월 7일
어제 너무 그 이야기가 궁금해서 몰래 엿들었다. 그 이야기는 인간들이 점박이올빼미들이 우리 때문에 멸종될까봐 우리 줄무늬 올빼미들을 죽이려 한다는 내용이었다. 그 이야기를 오늘 부모님께 말했더니 점박이 올빼미들과 인간들에게 반대 시위를 하러 간다고 하셨다.

2024년 6월 10일
오늘 토미랑 놀았다. 토미랑 나는 보호소에서 만난 절친이다. 난 내 친구들 중에서 토미가 제일 좋다. 하지만 요즘 사이가 멀어지고 있는 것 같다고 말했더니 토미가 점박이 올빼미고 내가 줄무늬 올빼미라서 토미네 부모님께서 나와 놀긴 놀되, 별로 가까이하지 말라고 경고하셨다고 했다. 난 여전히 토미가 좋은데 어떻게 해야 할까?

2024년 6월 20일
난 지난 10일 동안 몰래 토미와 만나 계획을 세웠다. 바로 인간들과 점박이올빼미, 그리고 줄무늬 올빼미들이 다 같이 행복하게 살자는 이야기를 쪽지에 적어 쿠키와 함께 전달하는 것이다!

2024년 6월 21일
어제 계획한 대로 오늘 토미와 쿠키를 굽고 쪽지를 돌렸다. 작게나마 인간들과 점박이 올빼미, 줄무늬 올빼미가 친하게 지내자는 내용을 전달한 것 같아서 기분이 좋다.

2025. 07. 02

최정아

코로나19, 인간과 동물의 공포

신문 속 이야기 함께 읽기

<전 세계 코로나19 확진자 500만 명 넘어서…첫 보고 142일 만에> [출처: 동아일보]

<코로나19로 '이 동물' 50만 마리가 도살 위기에 처했다>
[출처: 연합뉴스]

<코로나19에 '인류 사촌' 고릴라·오랑우탄 멸종 위기 커진다>
[출처: 연합뉴스]

> 신문 내용 쉽게 이해하기

인간과 동물, 모두에게 공포를 안긴 코로나19

　뉴노멀의 시대를 살아가고 있는 지금, 이렇게 된 원인에는 우리 모두가 최근에 겪은 코로나19가 있었다. 2019년 12월, 중국 우한에서 코로나19 바이러스에 감염된 환자의 발생과 사망에 관한 소식이 뉴스로 전해졌고, 별일 아닌 것처럼 시작된 코로나19는 순식간에 바다 건너 우리나라에까지 영향을 주었다. 전염은 급속히 확산되어 전 세계 거의 모든 국가에서 감염자가 기하급수적으로 늘어났으며 사망자도 속출했다. 다행히 우리나라는 의료진들의 자발적 희생과 시민들의 협조 덕분에 'K-방역'이라 불릴 만큼 세계적인 방역 모범국가로 전염을 크게 막으며 잘 관리할 수 있었다. 한창 코로나19 감염의 위세가 대단했던 20년, 21년, 아이들은 등교 대신 집에서 온라인 수업을, 어른들은 출근 대신 재택근무를 하기도 했다. 마스크 착용과 손 소독제는 일상이 되었고, 장보기와 외식 대신 배달 음식이 더 친숙해지기도 했다. 백신의 개발로 전염과 사망의 확산을 크게 막을 수 있었지만, 지금까지도 끝나지 않은 채, 우리는 위드 코로나의 시대를 살고 있다.

　인류는 역사 속에서 여러 차례 감염병 위기를 겪어왔다. 사스, 메르스, 스페인 독감, 콜레라, 흑사병 등…. 기록에 의하면 흑사병으로 7,500만 명 이상, 스페인 독감으로 5,000만 명 이상이 사망했다고 하니 그 위협이 대단했음을 알 수 있다.

그런데 이러한 감염병이 사람에게만 위협적일까? 기사에 따르면 인간과 98% 유전자가 비슷한 오랑우탄, 고릴라 같은 유인원, 그리고 사람으로부터 감염될 가능성이 있는 멸종 위기 동물 족제비도 코로나19로 인해 어려움에 처하기도 했다. 상어의 경우 간유(스쿠알렌)가 백신 개발 및 생산에 사용되어 대량 살처분될 위기가 있었다.

과학자들은 코로나19가 인류의 무분별한 개발과 환경 파괴로 인해 발생했다고 주장하기도 한다. 이미 심각한 기후 위기로 매년 멸종되는 생물종이 증가하고 있는 이 시점에, 생물의 다양성을 유지하고 함께 공존할 방법을 찾아 회복하고 공생할 때 인류도 존재할 수 있는 것이다. '멸종', '파괴'와 같은 암울한 단어보다는 '회복', '공생'과 같은 희망의 단어를 말할 수 있기를 기대하며, 미래세대에게 빌려온 깨끗한 자연 환경을 잘 가꾸고 보존하여 되돌려 줄 수 있어야 하겠다.

신문에서 책으로 생각 넓히기

어윤정 글, 해마 그림
『리보와 앤 - 아무도 오지 않는 도서관의 두 로봇』, 문학동네, 2023.

키티 오메라 글, 스테파노 디 크리스토파로, 폴 페레다 그림, 이경혜 옮김
『그리고 사람들은 집에 머물렀습니다』, 책속물고기, 2021.
원제: And the People Stayed Home

조지 무쇼 편저, 서수지 옮김
『세계사를 바꾼 10가지 감염병』, 사람과나무사이, 2021.

책 내용 쉽게 이해하기

'그렇다면 다행이다. 언젠가 사람들은 회복될 거고, 그럼 이곳으로 돌아올 테니까.'

"안녕하세요! 즐거움과 안전을 책임지는 여러분의 친구, 리보입니다. 무엇을 도와드릴까요?"

도서관 보조 로봇 리보의 입력된 멘트다. 리보는 도서관에서 사람들과 만나 소통하고 감정을 읽고 이야기를 나누며 안부를 묻는 역할을 한다. 또 다른 로봇인 앤은 아이들에게 책을 읽어주는 로봇으로 가끔은 고민 상담도 해주는 앤의 곁엔 언제나 아이들이 있다. 그러던 어느 날, 누구도 이유를 알려주지 않은 채 사람들이 모두 떠나고, 그 후로 아무도 오지 않는 도서관에 리보와 앤만 남겨진다. 하염없이 아이들을 기다리며 도서관 이곳저곳을 돌며 이유를 찾지만 쉽게 찾아지지 않는다. 막연한 기다림과 그리움으로 가득했던 그때, 앤이 건넨 오늘의 명언,

'휴식은 곧 회복이다. 데일 카네기.' 그 순간 리보는 생각한다.

'그렇다면 다행이다. 언젠가 사람들은 회복될 거고, 그럼 이곳으로 돌아올 테니까.'

스스로를 위로하며 하루하루 보내던 그때, 창밖 너머로 보이는 전광판의

글자들을 보게 된다.

'플루비아 확산 심각! 전염성 13배 높은 변이 바이러스 등장. 학교, 도서관, 체육관 등 공공시설 무기한 폐쇄'

이야기 속 공포의 대상은 '플루비아', 우리가 겪은 코로나19와 유사한 감염병이 발생했던 것이다. 플루비아의 공포로 사람들과 소통이 단절된 리보와 앤, 그리고 유난히 이들을 그리워하는 아이 도현은 서로의 안부를 궁금해하고 그리워하면서 소통의 방법을 찾아낸다. 코로나19 이후의 일상을 살고 있는 우리도 그 당시 서로 소통할 수 없음에 많은 이들이 힘들어했다. '코로나 블루'라는 별칭이 생길 정도로 유행하면서 우울함과 답답함을 호소했다. 친구들과 늘 함께였던 아이들도 코로나19로 인한 단절의 경험을 나누며 각자가 느꼈던 감정과 특별했던 이야기를 들려줄 수 있을 것이다. 그리고 리보와 앤, 도현이 경험했던 고립과 소통의 이야기에 크게 공감하며 재난과도 같은 감염병의 상황에서 연결과 만남의 중요함도 느끼게 될 것이다.

신문과 책으로 상상하기

1. 인물

– 코로나19 기간 동안 가장 기억에 남는 사람은 누구인가요?
– 코로나19로 인해 새롭게 알게 된 직업이나 역할이 있나요?
– 코로나19가 한 개인(나, 가족, 친구 등)에게 어떤 변화를 가져왔나요?

– 만약 내가 코로나19 시기의 한 인물이라면 어떤 이야기를 들려주고 싶은가요?

2. 사건

– 코로나19로 인해 학교나 생활에서 달라진 가장 큰 변화는 무엇이었나요?

– 코로나19와 관련된 뉴스 중 가장 인상 깊었던 사건은 무엇인가요? 왜 그런가요?

– 코로나19 시기에 경험한 특별한 순간이나 기억에 남는 일이 있나요?(예: 온라인 수업, 거리 두기, 마스크 착용, 백신 접종 등)

– 만약 코로나19에 대해 하나의 중요한 이야기를 만든다면, 어떤 사건을 중심으로 이야기하고 싶은가요?

3. 배경

– 코로나19가 퍼지면서 우리 동네(학교, 가족, 나라 등)에서 어떤 변화가 있었나요?

– 코로나19가 시작되었을 때와 지금을 비교하면, 어떤 점이 달라졌나요?

– 내가 코로나19가 한창일 때 있었던 장소(집, 병원, 공원, 학교 등) 중에서 가장 기억에 남는 곳은 어디인가요? 그곳에서 어떤 일이 있었나요?

– 만약 코로나19가 일어나지 않았다면, 우리의 일상은 어떤 게 달랐을까요?

> 상상한 이야기를 글로 쓰기

코로나19 경험담에 상상을 더한 글쓰기

코로나19는 지금을 사는 우리 모두가 겪은 감염병이다. 어느 날 갑자기 일상이 정지되어 아이들은 학교에 갈 수 없었고, 어른들은 출근 대신 재택근무를 해야만 했다. 공포스럽고 일상적이지 않은 낯선 상황에 놓였던 경험을 아이들과 나누며 시작한다면 공통된, 또는 나름의 경험담을 자연스럽게 이야기할 수 있을 것이다. 책 『리보와 앤』의 이야기는 그 한 예를 보여주고 있다.

그 당시 기사들을 찾아보면, 코로나19 초기에는 안타까운 사연들이 많았다. 감염으로 격리된 채 결국 외로운 죽음을 맞는 사람이 있는가 하면, 가족의 감염 소식에 타국에서 어렵게 만나러 왔지만 그사이 이미 사망 소식을 접할 수밖에 없었던 일도 있었다.

코로나19만큼 위협적이며 세계적으로 유행했던 감염병은 과거에도 있었다. 스페인 독감이나 흑사병은 그 당시 엄청난 사망자를 기록하며 인류를 위협했다. 역사 속 대 감염병을 예시로 하여 코로나19가 처음이 아니며 앞으로의 다른 감염병의 발생 가능성도 같이 이야기해볼 수 있다.

'멸종'의 큰 주제 안에서 '감염병'에 대한 기사를 찾다 보면 의외의 기사들이 발견된다. 바로 '동물의 멸종'이다. 그중 가장 흥미로웠던 것은 백신 개발과 생산으로 인한 상어의 멸종 위기를 다룬 기사다. 질병이 직접적인 원인이 아니라 백신 개발의 원료로 희생양이 되어 멸종될 수 있다는 내용이었다. 또한, 이미 멸종 위기의 동물 중 인간으로부터 감염될 수 있는 종들은 멸종 위기에 더 가까워진다는 것이다. 이미 인간의 환경 파괴로 인해 멸종 위기를 맞게 된 동물들이 많은데, 거기에 더해 코로나19 감염이 원인으로 작용하고 있다는 내용이었다. 이러한 기사들을 읽으며 인간의 활동으로 인한 동물의 멸종도 다루어보면 좋을 것이다. 코로나19를 모두가 겪은 만큼 그때의 직·간접적인 경험을 떠올리며 인물과 배경을 설정하고 창의적인 사건이나, 또는 모두가 겪었을 일들을 바탕으로 글을 쓴다면 흥미로운 이야기가 만들어질 것이다.

예시 작품 살펴보기

동물 친구들이 사라진다고요? 최정아(교사)

며칠 전, 나는 엄마와 함께 뉴스를 보고 있었어요. 코로나19에 대한 소식이 계속 나오고 있었는데, 그중 한 장면이 내 눈길을 끌었어요. 화면에는 슬퍼 보이는 고릴라가 있었고, 뉴스 아나운서가 말했어요.

"코로나19로 인해 멸종 위기에 처한 동물들이 늘어나고 있습니다."

순간 나는 깜짝 놀랐어요. 사람들만 힘든 줄 알았는데, 동물들도 고통받고 있다는 걸 처음 알게 되었어요. 뉴스에서는 멸종 위기의 동물들도 코로나19에 걸릴 수 있다고 했어요. 그리고 사람이 맞을 백신을 개발하기 위해 희생해야 하는 동물들에 대한 소식도 함께 나오고 있었어요. 고릴라, 백상아리 같은 동물들이 위험하대요.

나는 평소에 동물들을 정말 좋아해요. 동물원에 갔을 때 고릴라가 아기처럼 눈을 깜빡이며 나를 보던 기억이 생생해요. 그런데 그런 동물들이 지구에서 사라질 수도 있다니 믿을 수가 없었어요. 나는 갑자기 마음이 무거워졌어요. '내가 도와줄 수 있는 일이 없을까?' 하는 생각이 들었어요. 그래서 그날 저녁, 나는 환경 보호에 관한 책을 찾아보고, 멸종 위기 동물들에 대해 더 공부했어요. 또, 엄마에게 말해서 불필요한 비닐이나 플라스틱 사용을 줄이기로 약속했어요. 학교 친구들에게도 말하고 싶었어요.

"얘들아, 우리 마스크만 잘 쓰는 게 중요한 게 아니야. 지구에 사는 동물들도 지켜야 해."

코로나19는 우리를 집 안에 가두었고, 사람들의 일상을 멈추게 했어요. 하지만 나는 그 속에서 더 소중한 것을 배웠어요. 우리는 사람뿐 아니라, 지구 위의 모든 생명과 함께 살아가야 해요. 나는 앞으로도 동물들을 아끼고, 지구를 지키기 위해 작은 실천을 계속할 거예요. 멸종이라는 단어가 더 이상 뉴스에 나오지 않도록 말이에요.

03 장애 이해와 포용

다름을 마주하고 교감하는 주인공 상상하기

장애는 다양한 원인과 상황 속에서 나타납니다. 선천적이거나 후천적으로 발생하는 신체장애는 팔다리의 절단, 시각과 청각 감각의 손실, 그리고 심장이나 신장, 폐와 같은 장기의 기능 저하가 있습니다. 시간의 흐름에 따라 발생하는 노화 장애는 치매와 난청, 시력 저하와 거동 불편 등의 현상으로 나타나며, 고령화 사회와 밀접한 관련이 있습니다. 장애는 사람뿐 아니라 동물에게도 발생할 수 있습니다. 동물의 경우 신체적 장애뿐 아니라 노화로 인한 장애도 함께 나타나며, 이들을 위한 관심도 높아지고 있습니다. 노령 동물, 유기 장애 동물, 동물 휠체어, 동물 재활, 장애 동물 입양 등은 동물 관련 장애 기사에서 자주 다뤄지는 주제입니다. 이처럼 장애는 단순히 하나의 상태가 아니라, 다양한 요인과 맥락 속에서 나타나는 삶의 일부입니다. 우리는 이러한 사례들을 통해 장애를 더 깊이 이해하고, 포용과 공존의 시선을 키워갈 수 있습니다.

이 단원에서 함께 생각해요

1) 장애는 왜 '우리 삶의 일부'일까?
2) 장애를 가진 사람이나 동물을 만났을 때 어떤 마음과 태도를 가질 수 있을까?
3) 서로 다른 몸과 마음을 가진 존재들이 함께 살아가기 위해 필요한 것은 무엇일까?

이인재

장애 동물, 가족이 될 수 있을까요?

신문 속 이야기 함께 읽기

<장애 유기 동물 이야기 들어볼래?> [출처: 어린이조선일보]

> 신문 내용 쉽게 이해하기

진짜 돌봄과 함께 살아가는 방법을 고민하다

한 해 동안 우리나라에서 버려지는 반려동물은 약 10만 마리에 이른다. 이 중 일부는 새로운 가족을 만나지만, 대부분은 보호소에서 오랜 시간을 보내거나 결국 안락사 된다. 특히 사고를 당했거나 학대에 의해 장애를 입은 동물들은 입양되기 훨씬 더 어렵다. 몸과 마음에 상처를 입고 다시 사랑받기까지의 길은, 기적에 가까울 만큼 멀고 험하다. 기사 속, 시력을 잃은 강아지 하랑이는 학대에서 구조된 뒤 새로운 주인을 만났고, 교통사고로 다리를 다친 델리는 후원자들의 도움으로 치료를 받을 수 있었다. 고양이 치즈는 다리를 저는 채 길에서 구조되었고, 네 발을 모두 잃은 치치는 해외 입양을 통해 새로운 삶을 시작했다.

그러나 이러한 감동적인 구조 이야기는 소수의 동물들에게만 해당된다. 여전히 많은 동물들이 장애가 있다는 이유로 외면 받고 있다. 비싼 치료비, 돌봄의 어려움, 복잡한 입양 절차는 커다란 장벽이 된다. 장애는 동물에게 죽음을 의미하지 않지만, 사람들의 외면은 그들을 생존에서 멀어지게 만든다. 결국 이 문제는 생명과 책임에 대한 이야기다. "장애 동물과 함께 산다는 건 무슨 의미일까?"라는 질문이 자연스레 떠올랐다. 아이들은 처음엔 안타까움을 느꼈지만, 점차 연민을 넘어 '함께 살아가는 방법'을 고민하기 시작했다. 아이들의 반응은 솔직했다. "장애가 있어도 키우고는 싶은데, 부모님이 반대할 것 같아요.", "선택할 수 있다면 건강한 동물을 키우고 싶어요."

자연스러운 생각이다. 돌봄은 마음만으로 감당하기 어려운 일이기 때문이다. 용기 있는 선택이 계속되려면, 제도와 인식의 변화가 함께해야 한다. 지금처럼 일부 보호소와 활동가들의 노력에만 의존한다면, 더 많은 동물들이 외면당할 수밖에 없다. 장애 동물은 돌봄을 통해 '삶을 다시 시작할 수 있는 존재'임을 기억해야 한다. 모두의 작은 선택이 큰 변화를 만든다. 아이들은 하랑이, 델리, 치즈, 치치의 이야기를 들으며 "내가 동물이라면 어땠을까?" 하고 상상했다. 몸이 불편했던 순간, 외로웠던 시간, 새 가족을 만난 기쁨까지. 아이들은 그 삶을 따라가며 '진짜 돌봄'이 무엇인지 고민하기 시작했다. 그것이 변화의 시작이 되길 바라며.

신문에서 책으로 생각 넓히기

김혁 글, 이정은 그림

『미래와 그래』, 의미와재미, 2023.

책 내용 쉽게 이해하기

"우린 조금 다르게 함께 살아가요."

이 책의 저자는 조금 특별한 집사다. 뇌성마비를 앓는 고양이 '미래', 앞발이 하나 없는 고양이 '그래' 그리고 천방지축 강아지 '단테'와 함께 살아온 그는 단순히 이들을 돌보는 보호자가 아니었다. 함께 살아가는 방식이 조금

다를 뿐, 이들에게 '다름'은 결핍이 아니라 삶의 또 다른 형태였다. 이 책은 그렇게 하루하루를 함께 견뎌낸 존재들이 쌓아 올린 작고도 단단한 연대의 기록이며, 장애를 품고 살아가는 삶에 대한 따뜻한 이야기이다.

이야기는 미래가 세상을 떠난 이후, 고양이 '그래'의 기억 속에서 다시 펼쳐진다. 태어날 때부터 뇌성마비를 앓던 미래는 가족에게 특별히 불쌍하거나 특별한 존재라기보다, 다만 함께 살아가는 소중한 존재였다. 미래는 몸이 불편했지만, 그 모습이 연민의 대상이 되지 않았던 이유는, 이 가족이 '다름'을 있는 그대로 받아들이는 방식으로 살아왔기 때문이다.

이 책은 단지 현실의 기록에 머물지 않고, 상상의 장면도 품고 있다. 악당 '두창신'으로부터 동네 아이들과 자신을 돌봐주는 소녀를 지키기 위해 미래, 그래, 단테가 힘을 합치는 장면은 유쾌하면서도 의미 있는 상상이다. 이는 동물들이 단지 약한 존재가 아니라, 함께 살아가며 서로를 돌보는 주체적인 존재임을 상징적으로 보여준다.

무엇보다 이 책은 장애나 다름을 어떻게 받아들일 것인가에 대해 조용히 그러나 깊이 있는 메시지를 전한다. '정상'이라는 기준에 대해 질문을 던지고, 우리가 얼마나 쉽게 '다름'을 동정하거나 배제하는지를 되돌아보게 만든다. 이야기 속 동물들은 자신을 드러내고, 서로를 도우며, 자기만의 속도로 하루하루를 살아간다.

이 책은 아이들에게 '다름'이 가진 가능성을 자연스럽게 느끼게 해주는 이야기책이다. 단지 감동을 유발하는 이야기가 아니라, 함께 살아가는 방식에 대한 따뜻하고도 성찰적인 제안이다. 수업 시간에 이 책을 함께 읽는다면,

아이들과 '돌봄', '존중' 그리고 '진짜 함께 사는 것'에 대해 깊이 있는 대화를 나눌 수 있을 것이다.

신문과 책으로 상상하기

친구들이 소개한 장애를 가진 동물을 주제로 이야기를 써보면 어떨까?

1. "몸이 불편한 대신, 다른 특별한 능력을 가진 동물들의 이야기는 어때?"
– 앞이 보이지 않는 강아지가 소리를 색깔로 볼 수 있다거나
– 다리가 하나 없는 고양이가 공중을 떠다니며 이동하게 된다거나
– 듣지 못하는 강아지가 사람의 감정을 색깔로 볼 수 있는 이야기 말이야.

2. "장애 때문에 생긴 문제를 기발한 방법으로 해결하게 되는 이야기는 어때?"
– 수영을 좋아하지만 한쪽 날개가 없는 오리가 자신만의 방식으로 하늘을 날게 된다면?
– 세 발로 걷는 고양이가 누구보다 빠르게 마법의 미로를 통과하게 된다면?
– 앞을 보지 못하는 강아지가 복잡한 도시 길을 감각만으로 찾아 간다면, 멋지지 않을까?

3. "장애를 가진 동물과 사람이 서로를 도울 수 있을까?"
– 다리를 잃은 강아지와 외다리 해적 할아버지가 함께 보물을 찾아 떠나는 모험

- 앞을 보지 못하는 소녀와 눈이 하나뿐인 고양이가 서로 길잡이가 되어주거나
- 말을 하지 못하는 아이와 귀가 들리지 않는 강아지가 특별한 방식으로 소통하는 이야기

> 상상한 이야기를 글로 쓰기

다름을 받아들이는 존중과 돌봄의 이야기

이야기를 쓰기에 앞서, 아이들은 먼저 장애를 가진 동물에 대한 신문 기사를 함께 읽고 장애가 있는 동물도 가족이 될 수 있는지에 대해 질문을 던지고 함께 생각을 나누었다. 이후에는 각자 자신이 좋아하는 동물을 주인공으로 삼아, 어떤 장애를 가지게 되었는지, 어떤 상황에서 구조되었는지, 누구와 어떤 삶을 살아가고 있는지를 상상해 주인공의 삶을 소개하는 글을 작성하였다.

이 글은 단순한 상상에 머무르지 않는다. 앞서 읽은 기사에서 얻은 정보와 감정을 바탕으로 한, 사실 기반의 상상 글쓰기라는 점에서 교육적 의미가 깊다. 아이들은 실제 구조 동물의 삶을 참고하면서, 자신의 상상 속 동물에게도 구체적인 배경과 감정을 부여하는 과정을 경험하게 된다.

팩션 쓰기 단계에서는, 자신이 만든 주인공을 중심으로 이야기를 확장해 나간다. 몸이 불편한 대신 새로운 능력을 지닌 동물의 이야기, 장애로 인한 어려움을 극복해가는 여정, 또는 인간과의 관계 속에서 서로에게 도움이 되

는 과정을 담은 이야기 등 다양한 서사 구성이 가능하다.

　핵심은 장애를 단순한 불편함이나 약점으로 바라보는 시선에서 벗어나, 그 안에 담긴 감정과 관계, 책임, 가능성까지 함께 들여다보도록 돕는 데 있다. 이야기 속 동물들은 단지 구조되거나 보호받는 존재가 아니라, 스스로 문제를 해결하고, 누군가를 도우며 성장하는 주체적인 존재로 그려진다. 아이들은 글을 쓰는 과정에서 진짜 돌봄이란 무엇인지, 다르다는 것은 약점인지, 가족이란 어떤 관계인지에 대해 자연스럽게 질문을 품게 된다.

　이러한 사고는 수업의 중심 주제인 '존중'과 '돌봄'이라는 가치를 글을 통해 직접 사유하고 표현해보는 경험으로 이어진다. 아이들의 글에는 이야기의 즐거움과 함께 메시지가 담겨 있다. 서사 속 동물들은 모험을 떠나기도 하고, 자신의 장애를 받아들이며 다름을 살아가는 자신만의 방식과 속도를 만들어 간다. 글쓰기는 다름을 이해하고 존중하는 태도를 바탕으로, 함께 살아가는 관계를 상상해보는 창의적 실천의 장이 된다. 수업을 마무리할 때, 아이들이 자신이 만든 동물 주인공에게 어떤 삶을 선물했는지를 되돌아보게 하는 것도 의미 있다. 스스로 어떤 삶의 가치를 중요하게 여기는지를 발견하는 시간이 되기 때문이다.

예시 작품 살펴보기

장애가 있어도 다르지 않아 안시현(초4)

  내 이름은 하미. 어느 토요일 아침, 잠에서 깨어 거실로 나오니 엄마와 아빠가 함께 뉴스를 보고 계셨어요. 뉴스에서는 최근 장애 유기견이 많아졌다는 이야기와 함께, 생각보다 많은 동물들이 길거리에 버려진다는 뉴스가 나오고 있었어요. 엄마는 뉴스를 끄며 나에게 잠깐 어디를 가자고 하셨어요. 나는 엄마가 어디로 갈지 궁금했지만, 별말 없이 엄마를 따라갔어요.

  엄마와 함께 간 곳은 바로 동물 보호소였어요. 그곳에는 많은 동물들이 있었어요. 하지만 대부분은 장애가 있는 동물들이었어요. 정상적인 동물들은 이미 다른 사람들에게 입양되어 갔다고 들었어요. 그곳에서 내 눈에 띄는 동물이 있었어요. 하나는 귀가 안 들리는 하늘다람쥐였고, 또 하나는 한쪽 다리를 잃은 토끼였어요.

  나는 엄마에게 그 두 동물을 집으로 데려가자고 말했어요. 엄마는 잠시 생각을 하신 후, "좋아."라고 대답하셨어요. 우리는 보호소 아줌마에게 그 두 친구를 입양하고 싶다고 말했는데, 아줌마는 이 두 친구의 장애에 대해 말씀해주셨어요. "하늘다람쥐는 두 귀가 들리지 않고, 토끼는 한쪽 다리가 없어요. 그래도 괜찮으시겠어요?" 아줌마의 말씀에 우리는 그래도 그 두 친구를 입양하기로 했어요.

  집으로 돌아오는 차 안에서 나는 두 친구에게 지어줄 이름을 계속 생각했어요. 하늘다람쥐는 '다아'라는 이름을, 토끼에게는 '또애'라는 이름을 지어 주었어요. 두 친구는 우리 집도, 가족들도, 또 서로 낯설어했지만, 지금 둘은 행복하게 잘 지내고 있어요. 다아는 귀가 들리지 않아 힘들 것 같지만, 서로 다른 동물들이라도 동물끼리는 잘 통하는 것 같아요. 또애도 다리가 없어 불편할 텐데, 언제나 행복한 표정으로 바라보는 것 같아요. (후략)

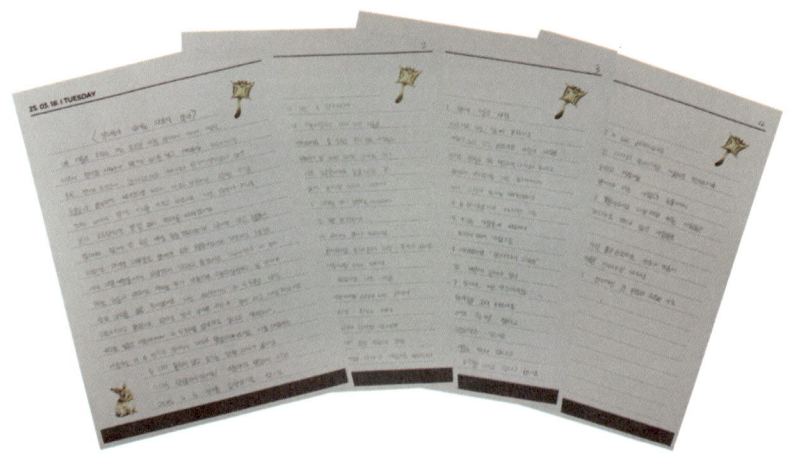

나를 안아준 작은 손 이채원(초4)

나는 한적한 시골에서 태어났다. 내가 태어난 시골은 푸른 산과 넓은 초원이 펼쳐져 풀과 꽃이 많았다. 맑은 공기는 숨을 들이마실 때마다 기분이 좋았다. 사람도 동물도 모두 행복하게 살기 좋은 환경이었다. 나는 풀밭 사이에서 뛰어놀다가, 바위 위에서 낮잠을 자곤 했다. 가끔은 하늘을 보며 구름이 흘러가면 나도 따라갔다.

그런데 어느 날, 40대 후반 정도로 보이는 한 아저씨가 나에게 다가왔다. 아저씨의 표정은 웃고 있는 것 같았지만, 밝게 웃는 얼굴은 아니었다. 아저씨는 "너 정말 귀엽다!"라며 내 수염을 손으로 쥐었다. 그때 나는 그 아저씨가 조금 이상하다고 느꼈다. 마치 나를 괴롭힐 생각이라도 하는 듯한 표정이었다.

아저씨는 내 수염을 몇 번 쓰다듬더니, 갑자기 힘을 주어 수염을 뽑았다. 그때 나는 너무 놀라고 아파서 몸이 움찔했다. 수염이 뽑히는 순간, 가슴이 찢어질 만큼 아프고 슬펐다. 아저씨는 내 수염을 모두 뽑고는 아무 말 없이 무표정하게 휙 돌아서서 가버렸다. 나는 멍하니 그 자리에 서 있었다. 그동안 느꼈던 평화와 행복이 한순간에 사라진 것 같았다.

내 몸이 이상했다. 수염이 사라진 뒤, 얼른 몸을 일으켜 도망가려 했지만, 갑자기 몸의 균형을 잡을 수 없었다. 오른쪽으로 넘어지고, 왼쪽으로도 넘어졌다. 나는 혼란스럽기도 무섭기도 했다. 풀밭 사이를 헤치며 돌아가려 했지만, 몸이 점점 더 이상하게 느껴졌다. 그리고 그때, 내 몸이 공중으로 떠오르는 걸 느꼈다. 하지만 내가 날아오른 것이 아니었다. 한 꼬마가 내 몸을 손으로 들어 올려, 급하게 만든 것 같은 이상한 작은 집에 놓아주었다. (후략)

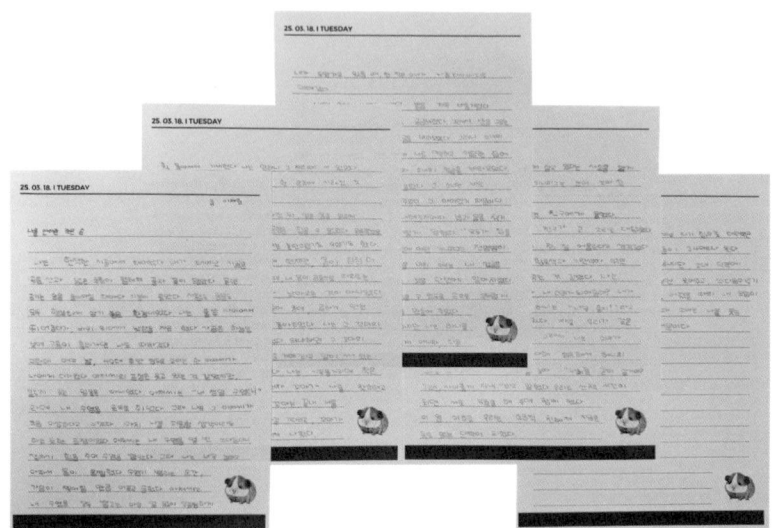

박현정

들리지 않아도, 음악은 내 안에 흐른다

신문 속 이야기 함께 읽기

<"한쪽 귀 안 들려 예술가로서 특별해졌죠"> [출처: 마음 건강길]

<김진호의 '음악과 삶' 장애인 음악가들> [출처: 포브스코리아]

<"귀 대신 눈·몸으로 작곡했다." 안 들려서 신들렸던 베토벤>
[출처: 중앙일보]

03. 장애: 이해와 포용

신문 내용 쉽게 이해하기

"장애는 끝이 아니라, 또 다른 시작이었다."
마음으로 음악을 완성한 이들의 감각 이야기

음악은 정말 귀로만 듣는 걸까?

눈을 감고 음악에 빠져든 적이 있다면, 박자에 맞춰 몸이 절로 움직였던 순간이 있다면, 우리는 이미 알고 있는지도 모른다. 음악은 귀로만 듣는 것이 아니라, 몸으로, 감정으로, 기억으로 느끼는 언어라는 것을 말이다.

한쪽 귀가 들리지 않는 바이올리니스트, 한수진.

그녀가 15살의 나이에 세계적인 콩쿠르에서 2위를 차지한 순간, 세상은 그녀의 음악을 다시 바라보기 시작했다. 사람들은 그녀의 연주에 감동했지만, 그녀 안에는 누구도 쉽게 알 수 없던 이야기가 숨어 있었다.

"장애 덕분에 저는 남들과 다르게 소리를 듣습니다. 그래서 저만의 소리를 만들 수 있었어요." 그녀는 자신만의 방식으로 음악을 듣고, 표현하고, 마침내 자신만의 소리를 세상에 들려주었다. 장애는 오히려 그녀 안의 '다른 감각'을 여는 문이 되었던 것이다.

그리고, 베토벤. 그는 청력을 거의 잃고도 작곡을 멈추지 않았다. 귀 대신 눈으로, 몸으로, 마음으로 음악을 '느꼈다'. 어떤 이들은 말한다. "그는 들리지 않았기에, 누구도 만들지 못한 음악을 만들어냈다." 고통과 침묵 속에서도 그는 소리를 포기하지 않았다. 그의 악보는 더 치밀해졌고, 그의 음악은 더 깊어졌다.

  마음으로 음악을 완성한 또 다른 음악가들, 스메타나, 본 윌리엄스, 안드레아 보첼리, 레이 찰스….

  그들 모두는 익숙한 감각을 잃었지만, 다른 감각으로 음악을 다시 발견했다. 그리고 이렇게 말하는 듯하다. "장애는 표현의 끝이 아니라, 감각의 또 다른 시작입니다."

  음악을 듣는다는 것은 단순히 소리를 구별하는 일이 아니다. 음악은 진동이고, 리듬이고, 마음의 떨림이다. 그 떨림은 귀가 아니라, 우리가 가진 모든 감각과 마음으로 충분히 느낄 수 있다. 어쩌면 우리는 모두 조금씩 다른 방식으로 음악을 듣고 있는지도 모른다. 그리고 그 다름 속에, 각자의 음악이 흐르고 있는 것이다.

  마음으로 음악을 완성한 음악가들은 말없이 우리에게 묻는다.

  "당신은 어떤 감각으로, 지금의 세상을 느끼고 있나요?"

  "당신 안의 음악은, 어떤 언어로 흐르고 있나요?"

신문에서 책으로 생각 넓히기

세실 비도 글, 그림, 김영신 옮김

『소리를 보는 소녀』, 한울림스페셜, 2019.

원제: L'Ecorce Des Choses

명수정 글, 그림

『피아노 소리가 보여요』, 글로연, 2016.

책 내용 쉽게 이해하기

"세상을 감각으로 듣고, 마음으로 이야기하다."

우리는 흔히 음악을 '귀'로 듣는다고 말한다. 하지만 정말 그럴까?

소리가 들리지 않아도, 음악을 느낄 수는 없을까?

이 질문에 조용히, 그러나 단단하게 대답하는 두 권의 그림책이 있다. 바로 『소리를 보는 소녀』와 『피아노 소리가 보여요』이다.

『소리를 보는 소녀』는 단 한 줄의 글도 없는 그림책이다. 하지만 주인공인 농인 소녀는 말없이도 세상과 깊이 연결되어 있다. 소녀는 한 번도 소리를 들어본 적이 없지만, 몸짓과 표정, 수어로 감정을 전하고 자신의 존재를 표현한다. 주변 사람들은 음성 언어를 '정상'이라 여기며 말을 강요하지만, 그녀는 자신의 감각을 지키며 세상을 자신만의 언어로 바라본다. 이 책은 조용히 말한다.

"말하지 않아도 마음은 전해지고, 들리지 않아도 서로를 이해할 수 있어요."

『피아노 소리가 보여요』는 소리를 눈으로 느끼게 해주는 그림책이다. 바흐의 '골드베르크 변주곡'이 색과 선율, 감정의 이미지로 피어난다. 음악은 귀가 아닌 마음으로, 감각으로 흐른다. 소리는 들리지 않지만, 진동과 떨림, 마음의 파동이 그림 속에 살아 숨 쉰다. 『피아노 소리가 보여요』는 이렇게 말한다.

"음악은 소리가 아니라, 감정이고 울림이며, 몸과 마음으로 기억되는 감각입니다."

형식도 다르고, 이야기 방식도 다른 두 책은 공통된 메시지를 들려준다.

"소리는 귀로만 듣는 것이 아니다. 세상은 하나의 감각만으로 이해되지 않는다."

소리를 들을 수 없다는 것은 감각의 닫힘이 아니다. 오히려 세상을 새롭게 느끼고, 나만의 방식으로 표현할 수 있는 또 다른 시작일 수 있다. 그래서 우리는 아이들에게 이렇게 질문을 던질 수 있다.

"소리를 듣지 못한다면, 음악을 어떻게 표현할 수 있을까?"
"음악을 '보는' 순간이 있다면, 그건 어떤 경험이었을까?"
"지금 내 안에서 흐르고 있는 음악이 있다면, 어떤 색일까?"

이러한 질문은 아이들에게, 감정과 감각으로 세상을 바라보고, 자신만의 시선으로 생각하며

표현하는 힘을 길러준다. 음악은 귀로만 듣는 것이 아니다. 몸으로, 마음으로, 감각으로도 충분히 느낄 수 있다. 음악은 마음으로 느끼고, 감각으로 표현하는 언어다. 그리고 그 언어는 우리 모두에게 열려 있다. 감각의 문이 열리는 순간, 우리 안의 음악이 조용히 흐르기 시작한다.

신문과 책으로 상상하기

1. 감각으로 시작해 보세요

- 눈에 보이는 장면, 귀에 들리는 소리만이 아니라
- 진동, 온기, 냄새, 색깔, 촉감….
- 몸과 마음으로 먼저 느껴보는 거예요.

2. 감정을 따라가 보세요

- 그 순간, 어떤 감정을 느꼈나요?
- 기쁨, 외로움, 두려움, 고마움….
- 소리가 닿지 않아도 무대를 감동으로 채운 한수진, 고요 속에서 음악을 완성한 베토벤처럼, 그들의 마음을 느끼고 상상해 글로 옮겨보세요.

3. 공감의 순간을 그려보세요

- 나와 누군가가 연결된 순간은 언제였을까요?
- 말없이 서로를 이해했던 시간, 다르지만 함께 웃을 수 있었던 장면을 떠올려 보세요.

4. 나의 생각을 담아보세요

- 이야기를 마무리할 때, 느낌과 진심이 담긴 나만의 한 문장을 써보세요.

> 상상한 이야기를 글로 쓰기

소리가 머물지 않아도, 마음으로 전해지는 언어가 있다

귀로 들을 수 없다는 사실은 감정과 감각의 문을 닫는 것이 아니라, 오히려 더 깊이 느끼는 길을 열어준다. 소리를 주제로 한 기사와 『소리를 보는 소녀』, 『피아노 소리가 보여요』 같은 그림책을 읽으며, 내 안에 하나의 이야기 씨앗이 조용히 심어졌다. 『소리를 보는 소녀』, 『피아노 소리가 보여요』 이

두 권의 책은 소리 없이, 그러나 깊이 있게 전한다. "소리를 듣지 못해도, 우리는 음악을 느끼고 표현할 수 있어요."

이야기는 단순히 정보를 담는 그릇이 아니다. 사실에 감정을 더하고, 감각으로 느끼며, 공감으로 마무리하는 글쓰기. 바로 이것이 아이들과 함께 나누고 싶은 팩션 쓰기의 시작이었다. 이야기를 쓸 때, 먼저 감각의 문을 열어보자. 눈에 보이는 장면, 귀에 들리는 소리만이 아니라 손끝의 떨림, 피부에 닿는 온기, 마음속에서 퍼져 나오는 울림.

그 작고 진한 감각이 바로 글의 첫 문장이 될 수 있다.

감각은 곧 감정을 데려온다. 외로움, 두려움, 설렘, 고마움….

청각의 장벽을 안고 무대에 선 바이올리니스트 한수진, 고요 속에서 음악을 완성해 낸 베토벤. 소리 없이 음악을 완성한 그들의 삶을 따라가며, "내가 그였다면, 어떤 마음이었을까?", "그 순간, 내가 그 자리에 있었다면?" 그 질문들은 우리 안의 감정을 조용히 깨운다. 그리고 그 감정은, 이야기로 흘러가기 시작한다.

그리고 공감의 순간을 **떠올려** 보자. 말하지 않아도 서로를 이해했던 기억, 다르지만 함께 웃을 수 있었던 장면. 그 짧고 조용한 연결의 순간이 우리의 이야기를 더**욱 따뜻**하게 만들어준다. 그곳에서 우리는 진심을 발견하게 될 것이다.

이야기의 마지막에는 우리만의 언어로 글을 마무리해보자. 화려한 표현이 아니어도 괜찮다.

진심이 담긴 한 문장은 조용히, 오래 남아 누군가의 마음을 두드릴 수 있으니까. 사실을 감각으로 번역하고, 감정을 따라가며, 공감으로 이어지는 '나의 이야기'를 발견하는 시간. 이 글쓰기를 통해 우리는 장애와 차이를 이해하고, 몸과 마음으로 세상을 바라보는 힘을 기르게 된다.

음악은 누구의 것일까? 귀로만 듣는 사람만이 음악을 표현할 수 있을까? 진동, 색, 표정, 몸짓…. 우리 모두는 자신만의 감각으로 음악을 듣고, 기억하고, 표현할 수 있다.

어떤 감각으로 이야기를 시작하고 싶은가?

그리고 어떤 감정의 문장으로, 진심을 남기고 싶은가?

예시 작품 살펴보기

귀로 듣지 않아도, 음악은 내 안에 흐르고 있다 나시현(초6)

발끝부터 시작되었다.

무대 아래서 공연을 보고 있던 그때, 내 다리가 미세하게 떨리고 있었다.

그 떨림은 바닥에서 올라오는 리듬과 합쳐졌다. 나는 귀가 들리지 않지만, 바이올린을 연주하는 사람의 표정과 몸짓으로 음악이 느껴졌다.

사실 나는 예전부터 조금씩 소리가 멀어지는 걸 느꼈다. 처음에는 소리가 멀어진다는 것이 무섭고 두려웠다. 하지만 시간이 점점 지나면서 받아들이게 되자, 그 고요한 느낌이 편안해지기도 했다. 그러다 문득, 내 발음이 점점 어눌해지고 있다는 걸 알게 되었고, 그 후로는 소리가 완전히 들리지 않게 되었다. 그때부터 음악은 나와 전혀 상관없는 것이라고만 생각했는데 아니었다. 오늘 그 공연을 보고 내 귀가 아닌 몸이 음악을 느낀 것이다.

나는 소리를 들을 수 없지만, 연주자의 몸짓, 떨리는 손끝에서 감정을 느낄 수 있었다.

마치 음악의 선율이 내 눈앞에 보이는 것만 같았다.

말 없이, 소리가 없이 마음이 닿는 이 순간이 그저 신기하고 좋았다.

공감도 그런 거 같다.

같은 소리를 듣지 않아도 같은 감정을 느낄 수 있다는 것.

나는 그 이후로 음악에 푹 빠졌다. 나만이 이런 느낌, 이런 방법으로 음악을 느낄 수 있다는 게 내가 소리를 듣지 못한 것을 장점으로 승화시켜 주었다.

우리는 저마다. 다른 방법으로 음악을 느끼고 있다. 난 더 이상 음악을 기다리지 않는다.

내 안에 있는 감정, 느낌, 감각들이 음악을 만들어주니까.

귀로 듣지 않아도 음악은 내 안에 흐른다.

내 마음은 언제나 음악을 들을 준비가 되어 있으니까.

소리를 들을 순 없지만 난 음악을 사랑해요 이서진(중2)

태어날 때부터 나는 아무것도 들을 수 없었어요.

하지만 점점 자라면서 하고 싶은 게 생겼어요. 그것은 바로 음악이에요.

저는 소리를 들을 수 없어서 음악을 할 때 어려움이 많았어요.

한두 가지가 아니었어요. 그래도 저는 계속 도전했어요.

그중에서도 저는 악기를 연주하고 싶었어요. 특히, 목관 악기인 클라리넷을 연주하고 싶었어요.

하지만 생각처럼 쉽게 되지 않았어요. 악보를 보고 연주해도 제대로 하고 있는 건지, 음이 맞는지, 박자나 리듬이 정확한지를 알 수 없어서 많이 고민했어요. 그래도 저에겐 포기하지 않고 이루고 싶은 꿈이 있었어요.

그 꿈은 꼭 큰 무대에 서서, 사람들에게 저를 알리는 것이었어요.

저는 소리를 듣지 못하지만, 끝까지 포기하지 않으면 누구든지 무엇이든 해낼 수 있다는 걸 알게 되었어요. 그리고 지금, 저는 제 꿈을 이루었어요.

이제는 소리를 듣지 못한다고 좌절하지 않아요. 꾸준히 음악을 하며, 나만의 길을 만들어가고 있어요. 소리를 들을 수 없어도, 나는 여전히 음악을 사랑해요.

황지은

휠체어에 앉아 신는 신발

신문 속 이야기 함께 읽기

<"아직도 이런 일이…휠체어 못 들어와" 출입 거부한 음식점>
[출처: 경향신문]

<日 시각장애 피아니스트 "제 꿈은 베토벤 소나타 전곡 연주">
[출처: 조선일보]

> 신문 내용 쉽게 이해하기

사람마다 감각과 경험이 다르다는 것을
인정하는 것이 진정한 포용

　장애에 대한 사회적 인식은 꾸준히 변화하고 있다. 어느 곳에 가더라도 장애인 주차구역을 마련해두고 장애인을 위한 화장실 시설을 미리 설계해 건물을 짓는다. 불과 얼마 전만 해도 우리는 장애를 가지고 있는 사람을 도움이 필요한 약자로 바라보고 무엇을 더 해줄 수 있을까? 머리를 맞대곤 했었다. 아이들이 장애를 갖고 있는 사람과 마주하는 순간은 그리 많지는 않을 것이다. 그래서 장애를 마주하는 경험이 특별한 경험처럼 느끼는 것 또한 사실이다. 하지만 장애를 떠올렸을 때 그리고 장애인을 바라보는 시각이 변화한 것 역시 분명 사실이다.

　우리는 장애인을 불쌍히 여기고 무조건 도움을 줘야 한다고 생각하여 서로 동등한 존재가 아니라 늘 도움을 받아야 하는 존재로 여기기도 했었다. 또한 장애가 있으면 능력이 부족할 것이라는 잘못된 인식을 갖기도 했었다. 게다가 장애인과 어울리는 것을 불편하게 여기거나 사회에서 배제하려는 태도를 갖고 바라보기도 했었다. 무엇보다 장애를 가진 사람이 무언가를 이루었을 때, '장애를 극복했다.'라는 시선으로 바라보며 "장애가 있는데도 대단하네!"라고 말하기도 했었다. 우리는 장애가 있어도 당연히 능력을 발휘할 수 있다는 점을 간과하고 장애가 있기 때문에 할 수 없을 것 같은 일을 해냈다는 점을 대단하게 여긴 것이다.

그리고 우리는 고정관념, 편견을 갖고 장애를 바라보거나 법과 정책, 물리적 시설까지 장애인을 차별해왔다. 나쁜 의도 없이도 장애인을 배제하는 무의식적 차별까지 자행해왔다.

우리는 더 이상 장애인을 장애의 고통과 어려움을 딛고 일어나 극복해 내는 존재가 아닌 감각과 경험이 다른 존재로 바라보아야 한다.

따뜻한 배려와 포용의 자세로 바라볼 수 있도록 장애에 대한 이해를 시작해 본다.

신문에서 책으로 생각 넓히기

곽닐 외즈쾨크 글, 제이훈 쉔 그림, 이난아 옮김
『창밖으로 나갈 용기』, 한울림스페셜, 2022.

책 내용 쉽게 이해하기

"창문 뒤에 숨어 누구로부터 도망치고 있어?"

『창밖으로 나갈 용기』의 주인공은 창밖의 흰 눈을 바라보고 있다. 그는 평화롭게 겨울을 즐기는 것처럼 보인다. 그가 앉아 있는 의자 뒤에 작은 손잡이 두 개를 발견하기 전까지는 말이다.

주인공 아슬란 아저씨는 휠체어에 앉아 창밖을 지나는 사람들의 발을 바라보며 하루를 보낸다. 새들이 날아와 앉지 않고, 화분 하나 놓이지 않은, 오가는 사람들의 다리와 신발만을 보여주는 창문 뒤에서 신발을 세는 것이다. 신발들이 어디로 가서 무엇을 할지 상상하는 소극적인 모습으로 주인공은 세상을 바라보았다.

주인공이 밖에 나가지 않고 신발 세기를 반복하는 이유는 휠체어를 타고 있기 때문이다. 창문을 통해서만 바깥을 바라보는 것은 자신의 삶이 불행해서가 아니라 바깥으로 나갈 용기가 없었기 때문이다. 바깥세상이 조금 두려웠던 그는 창문을 통해 반쯤 보이는 세상에 만족할 수밖에 없었다. 하지만 어느 날, 세상에 새하얀 함박눈이 내리고 창문 밖에서 새빨간 딸기 같은 한 소녀를 마주한다. 소녀의 부츠가 발판 위에 올려져 있었다. 소녀 또한 휠체어에 앉아 아슬란 아저씨를 바라보고 있었다.

"창문 뒤에 숨어 누구로부터 도망치고 있어?"

주인공은 자문하게 된다. 그리고 세상에 나가기로 결심한다. 오랫동안 신지 못한 부츠를 신고 소녀를 직접 마주한 주인공은 드디어 세상에 한 걸음 더 나아간다.

장애를 갖고 있을 때 불편한 점에만 초점을 맞춘 우리는 그들의 마음을 생각해 본 적이 있을까? 어쩌면 그들이 세상에 나올 수 없도록 가로막는 것은 휠체어가 지나갈 수 없는 낮은 문턱과 무거운 출입문보다 그들을 향한 사람들의 낯선 시선과 말 한마디일지도 모른다. 우리 아이들이 장애인은 도움이 필요한 존재가 아닌 함께 살아갈 존재로 바라보며 성장하길 소망한다.

신문과 책으로 상상하기

1. 인물

− 주인공은 장애를 가졌을까?
− 주인공은 어떤 어려움을 겪을까?
− 주인공의 심리는 어떨까?

2. 배경

− 주인공이 장애를 갖고 마주하는 환경은 어떠할까?

3. 사건

− 장애를 갖고 있어 겪는 어려움
− 장애를 갖고 지내는 평범한 삶

상상한 이야기를 글로 쓰기

장애를 갖고 있는 사람에게 우리는 어떤 태도를 가져야 할까?

장애를 주제로 글을 쓸 때 가장 중점을 두었으면 하는 점은 '나의 태도'였다. 우리는 장애를 갖고 있는 사람을 약자로 바라보며 '도움이 필요한 친구',

'도와줘야 하는 사람'으로 여겨왔다. 그래서 무엇을 도와주어야 할까? 그렇게 고민하고 곁에서 부축해 주거나 행동을 대신해 주는 등의 물리적 도움에만 집중해왔다. 장애인이 차별 없이 생활할 수 있도록 환경을 바꾸는 데 초점을 맞춰 완벽한 시설을 만들어 이동의 어려움을 없애고, 장애인뿐만 아니라, 누구나 편하게 이용할 수 있는 시설을 만들고자 노력해왔다. 보이는 것에 집중해왔던 시간에서 이 수업을 통해 이제는 보이지 않는 관계에 대해 관심을 가졌으면 하는 마음이 들었다.

장애도 개인의 개성처럼 다름의 한 부분으로 인식하여 다양성의 일부로 받아들이는 태도를 가졌으면 좋겠다. 이 수업은 장애인이 특별한 존재가 아니라 우리 사회를 함께 살아가는 사람이라는 것을 알고 그들과 소통하며 어떻게 힘을 합쳐 살아갈 수 있을까? 고민하는 시간을 함께하기 위한 과정이다.

글을 쓸 때 장애를 가진 주인공의 어려움과 심리를 묘사해 보고 장애를 갖고 마주하는 환경이 어떨지 구체적인 모습을 표현해 보길 추천한다. 또한 장애를 갖고 있어 겪는 어려움이 있지만 평범한 삶의 모습도 함께 표현해 본다면 특별하다고만 느껴졌던 장애인들의 일상을 '대단한 도전'이 아닌 '평범한 매일'의 연속으로 바라볼 수 있을 것이다.

> 예시 작품 살펴보기

전학 온 아이 구시은(초5)

해가 쨍쨍한 어느 여름날이었다. 한 아이가 교실에 들어섰다. 서로 이야기를 하거나 혼자서 가만히 앉아 있던 아이들이 모두 그 아이를 쳐다보았다. 선생님께서는 책상 앞에 서서 말씀하셨다.

"애들아, 이 친구는 오늘 온 새로운 친구야. 아직 이 학교에 익숙하지 않으니까 첫날에는 좀 도와줘."

선생님께서 나가시자 아이들과 그 새로 이 학교에 전학 온 친구는 서로 어색해서 눈을 마주치지 않았다. 그런데 갑자기 한 아이가 전학 온 친구에게 다가와 자신의 자리가 어딘지 궁금하지 않냐고 물어보며 말을 걸기 시작했다. 말을 하다 보니 둘은 점점 친해지기 시작했고, 전학 온 아이는 먼저 말을 걸었던 아이의 친구들과도 친해지기 시작했다. 전학 온 아이는 반 친구들이 자신이 휠체어를 타고 다닌다는 것에 신경 쓰지 않고, 도움이 필요하다고 말을 할 때만 도와줘서 좋았다. 친구들과 함께 집으로 아이에게 엄마는 물었다.

"첫날은 어땠니?" 그러자 아이는 첫날 친구들과 금방 친해져서 놀았던 것과, 친구들의 태도가 마음에 들었다는 것 등등 여러 가지 이야기를 하다 보니 시간이 가는 줄 몰랐다. 그 아이는 내일 친구들과 또 재밌게 학교생활을 할 생각에 행복했다.

다운증후군 강지안(초5)

나는 다운증후군이야. 그건 내가 세상을 이해하기 어려울 수 있다는 뜻이기도 해. 학교 수업도 따라가기 어렵지. 그건 생각을 하면 좀 슬퍼져. 하지만 어떤 분야에서는 아주 똑똑해! 나는 지금 장애인 중학교 2학년이야. 수학, 사회, 과학에 재능이 있어. 하지만 국어는 잘 못 해. 그래도 발음을 고쳐 주는 선생님이 계시니까 점점 좋아질 거야.

나는 내가 남들과 많이 다르지 않다고 생각해. 나도 다른 사람들과 똑같은 걸 좋아하거든 비디오 게임하기, 춤추기, 요리하기……. 그중에서 가장 좋아하는 건 축구야. 호날두와 함께 뛰는 내 모습을 가끔 생각해 보기도 해 나는 유도도 하고 금요일엔 탁구 시합도 해.

하지만 가끔 수업 시간엔 외톨이가 되기도 해. 어떤 애들이 나를 놀리거든. 나는 나를 지키는 방법을 배웠어. 놀림 받는다고 의기소침해지기 싫거든 나는 더 많은 친구들이랑 놀고 싶어. 때로는 친구네 집에 가서 자고 오고 싶었어. 내가 다운증후군이라는 건 별로 신경 쓰지 않아. 행복해질 수 없다는 뜻은 아니니까. 오히려 나는 내 장애를 이용할 때도 있어. 예를 들면 숙제를 할 때, 무슨 소리인지 모르겠다고 연기해. 사실은 연습 문제를 몽땅 풀 수 있는데도!

이지은

노인을 위한 유니버설 디자인

신문 속 이야기 함께 읽기

<4년간 '할머니 체험'한 26살 디자이너…모두의 존엄성을 위하여> [출처: 머니투데이]

> 신문 내용 쉽게 이해하기

노인을 위한 디자인이란 어떤 형태일까?

　패트리샤 무어라는 젊은 디자이너가 있다. 그녀는 스물여섯 살의 나이에 할머니가 되기로 결심했다. 화장으로 주름을 만들고 시력을 떨어뜨리는 안경을 쓰고, 청력을 제한하는 귀마개를 꼈다. 손가락 마디에 붕대를 감아 관절염처럼 움직임을 둔하게 만들고, 지팡이에 의지해 미국과 캐나다의 도시를 돌아다녔다. 어느 누구도 그녀가 연기 중이라는 것을 몰랐고, 그녀는 노인으로 세상을 체험하며 수많은 차별과 불편을 온몸으로 겪었다.

　엘리베이터 문은 너무 빨리 닫혔고, 무거운 문은 혼자 열 수 없었다. 높은 계단은 진입 자체가 어려웠다. 어디 하나 노인을 배려한 공간은 없었다. 사람들의 시선도 마찬가지였다. 문을 급하게 닫아버리는 점원, 무시하거나 무례하게 대하는 직원들, 때로는 투명 인간처럼 존재를 지워버리는 태도까지 다양했다. 그녀는 노인이 된다는 것이 단지 나이가 드는 일이 아니라는 사실을 깨달았다. 노인은 사회로부터 배제되고 있었다.

　이 체험은 평범한 분장이 아니었다. 무어는 이 과정을 통해 진짜 디자인이란 무엇인지, 누구를 위한 디자인이어야 하는지를 고민하기 시작했다. 그 결과, 유니버설 디자인이라는 개념이 탄생했다. 모든 사람을 위한 디자인이다. 어린아이, 임산부, 노인, 휠체어 사용자까지 누구나 안전하고 편리하게 쓸 수 있는 환경을 만드는 것이었다. 저상버스, 자동문, 점자 블록, 시각·

청각 안내 시스템 등은 무어의 철학에서 비롯되었다. 편의를 위한 수단으로만 간주했던 장치의 개념을 넘어선 것이다. 그녀가 말한 것처럼 "디자인은 기능이 아니라 존중의 표현"이다.

　아이들은 이제 디자인이 단지 예쁘고 멋진 형태만이 아니라는 것을 알게 될 것이다. 무언가를 더할 때, 무엇을 위해 설계할 때, 그 기준에 누가 포함되고 누가 빠지는지를 묻게 될 것이다. '당연한 것'처럼 보이는 구조 속에서, 그 당연함이 누구에게는 장벽이 된다는 것을 체감할 수 있게 된다.

신문에서 책으로 생각 넓히기

토미 드 파올라 글·그림, 정해왕 옮김

『오른발, 왼발』, 비룡소, 1999.
원제: Now One Foot, Now the Other

책 내용 쉽게 이해하기

세대를 바꿔 이어지는 돌봄과 사랑

『오른발, 왼발』은 미국의 대표적인 그림책 작가이자 일러스트레이터인 토미 드 파올라의 따뜻하고 섬세한 시선을 통해 만들어진 작품이다. 할아버지에게서 손자로, 손자에게서 할아버지로 전달하는 세대를 잇는 사랑과 상실

이후의 회복, 가족의 의미를 담아냈다.

　처음 할아버지에게 걸음마를 배울 때, 아기였던 손자는 "오른발, 왼발"을 반복하며 한 걸음을 떼는 법을 익힌다. 그 말은 걷는 데 필요한 기본적인 동작을 알려주는 말인 동시에 아이가 나아갈 세상을 신뢰하도록 응원하는 언어였다.

　시간이 여러 해 지나, 상황이 바뀐다. 작은 아기는 무럭무럭 자라고, 건강했던 할아버지는 쇠약해진다. 중풍으로 쓰러진 할아버지가 다시 걷는 법을 배우는 순간, 그 곁에는 이제 자라난 손자가 서 있다. 손자는 과거 자신이 배웠던 그 말을 그대로 할아버지에게 건넨다. "오른발, 왼발." 어린 시절에 할아버지와 잡았던 손을 똑같이 잡으며 시작하는 보행 훈련은 과거의 소중했던 기억과 관계가 되살아나는 순간이다.

　약함은 감춰야 할 결점이 아니다. 함께 다시 일어설 수 있다는 믿음이 있을 때, 회복은 비로소 시작된다. 걸음마는 단순한 몸의 움직임을 넘어, 서로가 서로를 지지하고 사랑을 나누는 반복된 표현임을 이 책은 보여준다.

　할아버지가 다시 걷기 위해 필요한 것은 가족의 사랑에 더해, 일상을 함께 구성하는 따뜻한 환경이다. 휠체어가 쉽게 드나들 수 있는 출입구, 미끄러지지 않는 바닥, 지팡이 사용자도 안심할 수 있는 손잡이처럼, 누구든 편안히 사용할 수 있는 공간의 배려가 더해질 때 노인의 재활은 더욱 힘을 얻게 된다.

　노인의 장애는 우리 모두가 언젠가 마주하게 될 자연스러운 변화의 일부다. 노인의 걸음을 돕는 일은 사회 전체가 함께 준비해야 할 과제로 바라보아야 한다.

『오른발, 왼발』속 할아버지의 변화는 병환을 다룬 이야기를 바탕으로 노화와 장애가 일상 속에서 어떻게 존중받을 수 있는지를 보여주는 사례다. 손자의 손과 가족의 응원, 그리고 사회가 함께 만든 안전한 환경이 어우러질 때, 누구나 다시 일어설 수 있는 사회가 만들어진다.

이 이야기에서 우리는 아이들과 함께 세대 간의 연결과 회복의 의미, 모두를 위한 환경의 중요성, 그리고 진정한 강함이 무엇인지 깊이 있게 이야기할 수 있을 것이다.

신문과 책으로 상상하기

1. 인물

– 주인공은 어떤 불편한 장애를 가진 노인일까, 나이는?
– 주인공의 주변 환경(가정 혹은 친구)은 어떤 인물들일까?

2. 배경

– 주인공은 현대와 과거, 또는 서구와 동구 어떤 시대와 문화 속에서?

3. 사건

– 주인공은 어떻게 장애를(선천적 혹은 후천적) 얻게 되었을까?
– 장애로 어떤 불편함과 사건을 겪게 될까?
– 장애로 인해 발생하는 일들에서 어떤 인물(조력자 혹은 가해자)을 만나게 될까?

– 주인공이 행복한 순간과 슬픈 순간은 언제였을까?

상상한 이야기를 글로 쓰기

모두가 언젠가 겪게 될 노년 장애 공감하기

　노년의 장애를 주제로 팩션 소설을 구상할 때, 아이들은 신문 기사 속 타인의 이야기로만 여겨졌던 장애라는 주제를 보다 생생하게 받아들이게 된다. 다양한 관점과 인물 설정을 통해 이야기를 구성할 수 있다.

　예를 들어, 주인공은 고령의 나이에 후천적으로 거동 장애를 겪게 된 노인일 수 있다. 또는 시력이 약해져 눈이 잘 보이지 않는 할아버지와 함께 지내는 또래 아이의 시선을 중심으로 전개해 볼 수도 있다.

　가족 구성원 중 한 명이 신체적 장애를 갖고 있는 경우, 그 변화에 적응해 가는 가족의 일상이나 감정도 중요한 이야기의 출발점이 될 수 있다. 장애라는 주제는 단순히 불편함을 묘사하는 데서 멈추지 않는다. 배경을 과거 혹은 현대, 또는 전통 사회와 현대 도시 중 어디에 두느냐에 따라 장애를 바라보는 시선과 태도가 달라질 수 있다.

　예컨대 현대 도시의 복지 시스템과 시설은 주인공에게 도움을 줄 수도 있지만, 동시에 무관심과 냉대의 공간이 될 수도 있다. 반면 전통적 가족 중심 사회에서는 지나친 보호나 동정이 오히려 주인공의 자율성을 억압하는 요소로 작용할 수도 있다.

이야기 안에서는 주인공이 어떻게 장애를 갖게 되었는지, 그리고 그 이후 어떤 불편함과 심리적 변화, 사건들을 겪는지에 주목하게 된다. 그 과정에서 친구나 가족, 또는 낯선 사람들과의 관계가 변하고, 주인공이 겪는 고립이나 회복의 순간이 감정선을 따라 펼쳐진다. 특히 장애로 인해 만나는 인물들인 도움을 주는 조력자나, 상처를 주는 가해자는 이야기의 전개를 더욱 입체적으로 만들어 준다.

아이들이 이 주제로 글을 쓸 경우, 일차원적으로 가볍게 '노인이 되어 겪는 장애는 불편하다'라는 인식에서 벗어나야 한다. 노인의 삶을 단편적으로 바라보지 않고, 그 안에 담긴 자존감, 갈등, 회복, 선택의 의미를 천천히 들여다보게 하는 것이 중요하다.

"노년의 장애는 특별한 것이 아니라, 나이가 들어 자연스럽게 누구나 겪게 되는 삶의 한 모습"이라는 사실을 받아들이고, 글로 표현해보는 기회를 가질 수 있다.

예시 작품 살펴보기

할아버지의 물 한 잔 이지은(교사)

"할아버지, 물 드릴까요?"
나는 부엌문 앞에서 조심스럽게 물었다.
아무런 대답이 없었다.

주르륵 흐르는 물소리가 들려왔다. 나는 조심스레 다가갔다.

싱크대 앞에 선 할아버지 손에 든 컵에서 물이 넘쳐 싱크대 밖으로 흘러내리고 있었다.

"할아버지! 넘쳤어요."

나는 급히 수건을 꺼내 물을 닦으며 컵을 붙잡았다. 할아버지는 내 쪽을 보려는 듯 고개를 움직였지만, 허공을 가늠할 뿐이었다. "아, 또 흘렸구나. 미안하다, 조이."

나는 고개를 저었다. "괜찮아요. 다 닦았어요."

물을 컵에 다시 따르고, 할아버지 손에 조심스레 쥐어 드렸다.

할아버지는 영국 해군 출신이다. 20대 초반부터 바다 위를 떠돌았고, 북해를 지나고, 대서양 작전에도 참여했다고 했다. 항상 강하고, 씩씩하고, 조금은 무뚝뚝했다. 하지만 몇 년 전, 시력을 잃었다.

그 후론 천천히, 아주 조금씩 조용해졌다.

"내가 제일 좋아하던 건, 조타실 위쪽에서 쏟아지던 햇살이었단다."

언젠가 할아버지가 말했다.

"맑은 날, 뱃머리에 설 때, 물 위에 비친 태양이 눈을 찌를 듯 반짝였지."

나는 그 말을 들을 때마다 할아버지의 눈이 캄캄해졌다는 사실이 마음에 걸렸다.

"할아버지, 물은 제가 가져다드릴게요."

나는 그날 이후로 자주 말하곤 했다. 하지만 그보다 더 자주, 나는 할아버지에게 묻기 시작했다. "할아버지, 그 뱃머리에서 봤던 거, 또 뭐가 있어요?"

"바다에서 만난 제일 멋진 순간은요?"

"무서웠던 적은요?"

할아버지의 표정이 밝아졌다. 그리고 과거를 회상하며, 아주 조금씩 할아버지의 이야기를 들려 주었다.

눈은 볼 수 없지만, 할아버지는 기억 속의 바다를 나에게 선물해주었다.

04 학살 인간의 어두운 이면

역사의 아픔 속에서 희생자의 마음 상상하기

학살은 인간이 인간에게 가할 수 있는 가장 극단적인 폭력입니다. 전쟁이라는 이름 아래, 정치적 정당화 속에서, 혹은 오랜 차별과 혐오의 감정 끝에서 일어난 학살은 한순간의 충동이 아니라 사회 전체가 침묵하고 방조하며 만든 비극의 결과였습니다. 집단 학살로 불리는 제노사이드는 사전적 의미로 '많은 사람이 죽은 사건'이라 설명하고 있습니다. 표면적인 이 설명 아래에는 어떤 이들의 존재 자체가 부정되고, 태어나지 말았어야 할 생명으로 간주되며, 사회에서 지워지는 과정들이 숨어 있습니다. 비극을 반복하지 않기 위해, 역사를 기억하고, 기억은 질문으로 이어져야 합니다. "어떻게 이런 일이 가능했는가?", "우리는 왜 침묵했는가?", "지금 우리는 다르다고 말할 수 있는가?"

이 단원에서 함께 생각해요

1) 학살은 왜 인간성의 붕괴라고 할 수 있을까?
2) 우리는 학살의 비극을 어떤 방식으로 되새겨야 할까?
3) 사회에서 '침묵'은 어떤 위험을 만들 수 있을까?

⌢ 조성윤 ⌣

감자에서 시작된
아일랜드 대기근

신문 속 이야기 함께 읽기

<식민지 아일랜드에 몰아친 비극…감자 대기근> [출처: 제주일보]

<1840년대 아일랜드 대기근의 기억> [출처: 아틀라스뉴스]

> 신문 내용 쉽게 이해하기

감자만 먹던 아일랜드, 모두 굶어 죽은 이유는?

　아일랜드 사람들은 한때 세끼를 감자로 버텼다. 감자는 적은 땅에서도 잘 자라고, 영양도 풍부해 가난한 사람들에게 꼭 필요한 음식이기 때문이었다. 하지만 1845년, 감자에 병이 돌기 시작했다. 처음엔 잎에 갈색 점이 생기더니 며칠 만에 줄기가 시커멓게 변했고, 땅속 감자까지 썩게 되었다. 기후가 습하고 비가 많은 아일랜드에서는 병이 금세 퍼졌다. 농부들은 너무 놀라며 두려움에 떨었다. 일부는 신의 벌이라고 생각했다. 감자 병은 몇 년간 계속되었고, 사람들은 먹을 것이 없어 나무껍질과 풀을 벗겨 먹었다. 가족끼리 서로 껴안은 채 숨진 경우도 많았다. 심지어 시신을 훼손해 먹었다는 기록도 남아있다. 굶주림으로 면역력이 떨어지자, 콜레라나 티푸스 같은 전염병도 퍼졌다.

　이 사건은 단순한 굶주림과는 차원이 다른 '대기근'이다. 대기근이란, 수많은 사람이 먹을 것이 없어 죽고 사회 전체가 무너지는 심각한 상황을 말한다. 아일랜드의 대기근 동안, 백만 명이 넘는 사람들이 목숨을 잃었고, 또 다른 백만 명은 미국이나 캐나다 등 다른 나라로 이민을 떠나야 했다.

　그렇다면 왜 아일랜드 사람들은 왜 감자밖에 먹을 수 없었을까? 그 이유는 아일랜드가 영국의 식민지였기 때문이다. 땅은 영국인이 가지고 있었고, 아일랜드 농민들은 작고 질 낮은 땅을 빌려 감자만 겨우 심을 수 있었다. 밀이나 고기 같은 다른 작물은 대부분 영국으로 보내야 했다. 심지어 감자 병이 돌아도 영국 정부는 별다른 도움을 주지 않았다. 세금을 못 낸 농민들은 쫓겨났고, 구호소까지 걸어가다가 길에서 죽기도 했다. 영국 신문에도 이렇게 쓰여 있었다. '아일랜드에는 수많은 사람이 굶어 죽고 있다. 그러나 벨파스트 항구에는 영국으로 보낼 곡물이 산더미처럼 쌓여 있다. 미국에서 들어오는 옥수수 배 한 척이 구호선의 전부다. 이게 말이 되는가?' 감자 병을 보낸 건 자연일 수 있지만, 그것을 수많은 사람의 죽음으로 만든 건 사람이다. 그중에서도 아무런 조치를 하지 않은 영국이었다. 한 언론인은 이렇게 말했다. '감자 병을 보낸 건 신이지만, 그것을 대기근으로 만든 건 영국이었다.'

　아일랜드 대기근은 단순한 재난이 아니라, 구조적인 불평등과 식민지 착취가 만든 비극이었다. 그리고 우리는 이 비극을 잊지 말아야 한다. 감자 하나에 기대어 살아야 했던 사람들의 목소리는 지금도 우리에게 질문을 던진다. '왜 어떤 사람은 굶고, 어떤 사람은 배불렀을까?' 이 질문은 지금 우리의 식탁 위에서도 여전히 유효하다.

신문에서 책으로 생각 넓히기

이영숙 글
『식탁 위의 세계사』, 창비, 2012.

책 내용 쉽게 이해하기

감자 한 알이 만든 역사 이야기

우리는 매일 밥을 먹는다. 밥상 위에는 밥, 김치, 국이 있고 가끔은 감자도 있다. 그런데 이 음식들이 그냥 있는 것이 아니라면 어떨까? 『식탁 위의 세계사』는 우리가 자주 먹는 음식이 어떻게 세계 역사를 바꿨는지 알려주는 책이다. 이 책은 청소년을 위한 역사책이지만 초등학생이 읽어도 어렵지 않다. 엄마가 이야기해주듯 쉽고 따뜻하게 설명해 주기 때문이다.

책에는 감자와 관련된 무서운 이야기가 나온다. 1800년대 아일랜드 사람들은 감자를 주식으로 삼았다. 감자는 적은 땅에서도 잘 자라고 배도 든든해서, 가난한 농민들이 많이 심었다. 그런데 1845년 감자에 병이 돌기 시작했다. 밭마다 감자가 썩기 시작했고, 몇 년 동안 감자를 제대로 수확할 수 없었다. 문제는 아일랜드가 당시 영국의 식민지였다는 점이다. 아일랜드 사람들이 직접 기른 밀과 고기는 모두 영국으로 보내야 했고, 자신들은 감자밖에 먹을 수가 없었다. 감자가 사라지자, 사람들도 굶어 죽거나 이민을 떠나야 했다. 이 비극은 단순한 굶주림이 아니라 제노사이드, 즉 집단 학살이라고도 불린다. 도와줄 수 있었던 영국이 아무 조치도 하지 않았기 때문이다. 수많은 사람이 굶어 죽었고, 일부는 미국으로 떠나야 했다.

감자는 평범한 음식 같지만, 당시 아일랜드 사람들의 생명을 지키는 마지막 식량이었다. 이 책은 감자뿐만 아니라 소금, 후추, 옥수수 같은 다양한 재료를 통해 세계사의 중요한 사건들을 소개한다. 간디가 소금을 지키기 위해 행진한 이야기, 후추를 찾아 바다를 건너간 탐험가들의 이야기, 문화대혁명과 아편 전쟁까지 흥미진진하게 펼쳐진다. 음식을 따라가다 보면 어느새 역사 속 깊은 이야기까지 자연스럽게 알게 된다. 우리가 매일 먹는 음식이 누군가에게는 생명줄이었다는 사실을 이 책을 통해 알 수 있다. 밥상 위의 음식이 역사의 주인공이 되는 놀라운 경험을 하고 싶다면, 이 책을 꼭 읽어보길 바란다.

신문과 책으로 상상하기

1. 인물

- 소설에 나오는 주인공은 어떤 아이일까?(감자만 먹고 살던 아일랜드의 아이, 굶주림을 피해 미국으로 떠나는 아이 등)
- 주인공은 감자를 어떤 마음으로 바라볼까? 감자가 고맙고 소중하다고 생각할까? 아니면 매일 감자만 먹는 삶이 힘들다고 느낄까?
- 주인공의 가족이나 친구는 어떤 상황일까? 같이 배가 고파서 힘들어하고 있을까? 아니면 다른 음식을 가진 사람일까?

2. 배경

- 이 이야기는 언제쯤 일어나는 걸까?(1845~1852년, 아일랜드 감자 대기근 시기 시작과 중간, 혹은 끝)
- 주인공은 어떤 곳에서 살고 있을까? 시골의 작은 마을에 살고 있을까? 아니면 도시 근처에서 이민을 준비하는 가족일까?

3. 사건

- 주인공은 감자밭이 썩는 걸 처음 본 날 어떤 생각이 들었을까?(냄새와 색깔, 사람들의 표정이 어땠는지 등)
- 주인공은 항구에서 곡물과 고기를 실은 큰 배가 영국으로 출발하는 장면을 봤을까? 그 순간 어떤 감정을 느꼈을까?
- 감자가 사라진 뒤, 주인공은 어떤 일들을 겪게 될까?(배고픔, 병, 두려움 등) 그 속에서 주인공은 누군가가 도와줬을까? 아니면 아무도 도와주지 않았을까?

- 주인공이 가장 슬펐던 순간은 언제일까?(식탁 위에 아무것도 없던 날 또는 가족이 아프거나 죽은 날 등)

> 상상한 이야기를 글로 쓰기

감자에서 시작된 질문, 식민지의 비극을 묻는다

팩션 쓰기 수업에서 '기근'에 대해 이야기해 보고 싶었다. 단순히 배고픔을 참고 견디는 문제가 아니라, 왜 어떤 사람들은 먹을 수 없었고 또 어떤 사람들은 먹을 것을 갖고도 나누지 않았는지를 함께 고민하고 싶었다. '먹을 것에 대한 권리'에 대해 생각해 보면 어떨까? 우리가 당연하게 여기는 식사, 그 식탁 위에는 언제나 선택의 자유가 있을까? 아이들은 매일 밥을 먹고 급식도 먹지만, 역사 속 어떤 사람들은 음식을 선택할 수조차 없었다는 사실을 알려주고 싶었다. 그 시작점으로 아일랜드의 감자 이야기를 꺼냈다.

우리나라에 '보릿고개'가 있었다면, 아일랜드에는 '감자 고개'가 있었다. 감자는 1800년대 아일랜드 사람들이 하루 세 끼를 먹을 만큼 중요한 음식이다. 감자는 작은 땅에서도 잘 자라고, 배를 든든하게 해주는 작물이었기 때문이다. 아일랜드 사람들에게 감자는 생존의 최소한 마지노선이었다. 그런데 놀라운 것은, 감자가 병으로 사라졌을 때 함께 사라진 것이 단지 생명만이 아니었다는 점이다. 사람들의 목소리, 저항할 기회, 도움을 요청할 힘도 함께 사라졌다. 감자 병은 자연에서 시작됐지만, 그 재앙을 '재난'으로 바꾼 건 아무것도 하지 않은 사람들의 선택이었다. 나는 아이들이 단순히 역사적 사건을 넘어 이런 질문을 품게 되기를 바랐다.

"왜 감자가 썩었다는 이유로 사람들이 죽어야 했을까?"

"왜 영국 정부는 그들을 도와주지 않았을까?"

"왜 식민지였던 아일랜드는 자신을 지킬 수 없었을까?"

수업하면서 아이들은 처음에는 감자 이야기에만 주목했지만, 시간이 지날수록 감자밭 너머에 존재하는 구조적인 불평등과 폭력에 눈을 뜨기 시작했다.

"곡물이 쌓인 항구에서 사람들이 굶어 죽었다는 건 너무 이상해요."

"그런데 우리나라도 일제 강점기 때 비슷했죠?"

이 수업은 단지 옛날이야기를 공부하는 것이 아니다. 먹을 것, 말할 것, 믿을 것조차 선택하지 못했던 식민지 사람들의 이야기를 통해 지금 우리가 살아가는 세상에 질문을 던지게 하는 것이 목적이다.

"내가 당연하게 여기는 것들이 누군가에겐 사치일 수 있다."

예시 작품 살펴보기

감자도, 형도 사라졌다 조성윤(교사)

나는 션이다. 열두 살이고, 아일랜드에 산다. 우리 가족은 작은 오두막에 살며 감자를 심는다. 아버지는 늘 말씀하신다.

"감자 없이 못 살아."

그런데 어느 날, 밭에서 이상한 냄새가 났다. 감자잎에 갈색 점이 생기더니 며칠 만에 시커멓게 변했다. 땅속 감자도 물컹하게 썩어 있었다. 그날부터 우리 밥상엔 감자가 줄었고, 점점 아무것도 남지 않았다. 이웃도 똑같았다. 아무도 웃지 않았다. 엄마는 하루에 한 번 나무껍질을 삶아 주셨다. 동생은 배가 아프다고 울기 시작했다. 말이 없던 형이 하루는

"벨파스트 구호소에 가 볼게."

하고 길을 떠나자 나는 몰래 따라갔다. 형은 말랐고, 발도 퉁퉁 부어 있었다. 길가엔 쓰러진 사람이 있었고, 썩은 냄새가 코를 찔렀다. 형은 힘겹게 걷다 멈췄다.

"션아, 돌아가. 너는 살아."

나는 울면서 돌아왔다. 그날 밤, 형은 돌아오지 않았다. 엄마는 형이 돌아올 거라며 감자 하나를 남겼지만 나는 차마 먹지 못했다. 우리 밭은 여전히 썩은 감자뿐이었다.

하루는 마을 사람들이 말하는 것을 들었다.

"곡물은 항구에 쌓여 있는데, 우린 왜 굶는 거지?"

정말 그랬다. 항구에는 배가 있었고, 그 위에는 밀과 고기가 있었다. 하지만 그건 영국으로 간단다. 나는 생각했다. 왜 우린 감자밖에 못 먹는 걸까? 왜 아무도 도와주지 않을까? 형이 마지막으로 남긴 말이 생각났다.

"굶어 죽는 것도, 말 못 하는 것도 죄가 아니야. 죄는 도와줄 수 있는데 모르는 척하는 거야."

그날 이후 나는 매일 일기를 쓰고 있다. 언젠가 누군가에게 우리의 상황

을 보여주기 위해서다. 형이 사라졌던 그날, 감자만 사라진 게 아니었다. 우리 목소리도, 웃음도, 함께 사라졌다.

우리는 살기 위해 떠났고 돌아가지 않을 것이다

조성윤(교사)

나는 캐서린이다. 아빠, 엄마, 동생 피터와 함께 아일랜드를 떠나는 배에 올랐다. 배 이름은 '페르시비어런스'라고 했다. 인내라는(Perseverance) 뜻이라고 선장이 말했다. 인내… 우리는 이미 너무 오래 참아왔는데.

배에 오르기 전날, 나는 마지막으로 감자를 보았다. 아니, 감자라기엔 너무 썩어 있었고, 마치 검은 진흙 같았다. 엄마는 아무 말도 없이 그 감자를 자루에 넣었지만, 결국 들고 가지 못했다. 너무 무거웠고, 먹을 수도 없었으니까. 항구에는 우리 같은 사람들이 줄지어 있었다. 다들 말이 없었다. 울지도 않았다. 이미 너무 오래 울어서일까. 배 안은 좁고 습했고, 바닥은 축축했다. 우리 가족은 나무판 하나를 깔고 서로를 껴안았다. 피터는 뱃멀미 때문에 밤새 토했다. 나는 물을 아껴 먹으려 혀로 이슬을 핥았다. 내가 창밖을 볼 때마다 보이는 건 멀어지는 아일랜드의 해안선이었다. 나는 그 풍경이 차갑고 무섭게 느껴졌다. 거기엔 우리 집, 감자밭, 친구 메리, 죽은 할머니까지 다 있었다. 우리는 아일랜드를 떠난 것이 아니라 쫓겨난 것 같았다. 밤이 되면 배 안은 더 어두워지고, 아이들이 울기 시작한다. 누군가는 다시 돌아가자고 말했고, 누군가는 침묵했다. 아빠는 말했다. "우린 살러 가는 거야." 나는 그 말이 사실이기를 바랐다. 언젠가 도착할 곳엔 감자가 아닌 빵이 있을까? 학교가 있을까? 배가 땅에 닿으면 우리에게도 다시 희망이 생길까? 나는 이 순간을 기억하고 싶었다. 이민선에서 내가 느꼈던 공기, 내 동생의 울음, 내 엄마의 눈빛, 그리고 아일랜드라는 이름이 점처럼 멀어지는 그 풍경.

　우리는 살기 위해 떠났고 다시 돌아가지 않을 것이다. 이 배 안의 사람들은 말하지 않아도 그 사실을 무겁게 알고 있다.

김미리

우크라이나인의 상처, 홀로도모르

신문 속 이야기 함께 읽기

<[뉴스 뒤 역사] 우크라이나가 품은 원한의 뿌리 홀로도모르>
[출처: 연합뉴스]

신문 내용 쉽게 이해하기

말하지 못한 역사, 말할 수 있는 오늘

　2022년에 시작된 우크라이나와 러시아 간의 전쟁은 지금도 끝나지 않았다. 하지만 이 전쟁은 단지 두 나라 사이의 무력 충돌만은 아니다. 그 뿌리는 과거 소련 시절, 특히 1930년대 우크라이나에서 벌어진 참혹한 사건, 바로 '홀로도모르'로 이어진다.

　홀로도모르란 기아를 통한 대학살을 의미한다. 1932년부터 1933년까지, 스탈린 체제 아래의 소련은 사회주의적 집단화 정책을 통하여 계획적이고 효율적으로 식량을 생산하고자 하였다. 하지만 집단 농장 반발과 정부의 수탈 정책으로 생산력이 급감했고, 여기에 기후 악화까지 겹치면서 대기근이 발생했다. 기록에 따르면 최소 400만 명 이상이 이 기근 속에서 목숨을 잃었다. 그럼에도 이 사건은 오랫동안 '기근'이라 불리며 침묵 속에 감춰져 왔다.

　우크라이나는 이 비극을 '계획된 학살', 즉 제노사이드로 간주하고 있다. 웨일즈 출신의 기자 가레스 존스를 다룬 〈미스터 존스〉라는 영화에서 이러한 실태를 적나라하게 보여주고 있다. 가레스 존스는 우크라이나의 이 비극을 기사로 알리고자 하였으나 권력에 억압당하여 기사가 알려지지 못하고 묻히게 된다. 조지 오웰은 이러한 전체주의적 구조와 언론 통제를 주목하여 『동물농장』을 통해 이를 풍자적으로 비판했다. 스탈린 체제는 단지 식량만

이 아니라, 사람들의 언어, 생각, 목소리마저 통제했다.

　이 통제와 침묵의 구조 속에서 한 민족의 생명과 문화, 존엄이 서서히 사라져갔다. 우리는 왜 이 사건을 오늘 배우고 기억해야 할까? 기억한다는 것은 단순히 슬퍼하는 일이 아니라, 이러한 일이 다시 일어나지 않도록 '이해하고 말할 수 있는 힘'을 갖는 일이기 때문이다. 말할 수 없었던 시대를 배우는 것은, 우리가 지금 가진 '말할 수 있는 자유'를 어떻게 지켜야 하는지를 되묻는 일이기도 하다.

신문에서 책으로 생각 넓히기

조지 오웰 글, 도정일 옮김

『동물농장』, 민음사, 2001.
원제: Animal Farm

유진 옐친 글·그림, 김영선 옮김

『세상에서 가장 완벽한 교실』, 푸른숲주니어, 2012.
원제: Breaking Stalin's Nose

> 책 내용 쉽게 이해하기

누구를 위한 평등일까?

"모든 동물은 평등하다. 그러나 어떤 동물은 다른 동물보다 더 평등하다." 조지 오웰의 『동물농장』에 등장하는 이 문장은 한때 모두에게 약속되었던 평등이라는 이상이 어떻게 권력자의 입맛에 맞게 바뀌고, 다른 이들을 침묵하게 만드는 구조로 변질되는지를 단적으로 보여준다. 동물들은 처음엔 모두가 함께 일하고 나누는 자유롭고 평등한 공동체를 꿈꿨다. 하지만 시간이 흐르면서 그 평등은 일부에게는 특권이 되었고, 나머지에게는 침묵을 강요하는 체제로 전락했다.

이 문학 속 장면은 상상의 세계만이 아니다. 1930년대, 실제 역사 속에서도 '평등'이라는 이름으로 시행된 정책들이 사람들의 삶과 생각, 감정까지 통제하는 사회를 만들어 갔다. 그 결과, 한 사회 전체가 말을 잃고, 느낄 수 있는 감정이나 분노조차 멈춰진 사회, 슬픔마저 표현하지 못하게 되는 현실이 펼쳐졌다. 그 시대의 침묵은 단지 조용한 것이 아니라 살아남기 위해 말하지 않아야 했던 침묵이었다. 그리고 그 침묵 속에서 굶주림, 공포, 통제, 죽음이 반복되었다. 『동물농장』은 이야기였지만, 그 속의 구조는 현실에서도 반복되었다. 그 침묵 사이사이에는 이름 없이 사라진 수많은 존재들과, 이 비극이 다시 반복되지 않기를 바라는 기록의 목소리가 남아 있다.

『세상에서 가장 완벽한 교실』은 통제와 세뇌의 구조 안에서 살아가는 한 소년의 내면을 생생하게 보여준다. 당시 소련에서 행해진 스탈린 체제에 대한 상황을 엿볼 수 있고 한 소년의 시간 흐름에 따른 의식 변화를 통해 세뇌된 사람들의 행동 양식을 살펴볼 수 있다. 국가에 충성하는 것이 당연했던 소년 사샤는 가족이 '국가의 적'으로 몰리며 자신이 믿어왔던 세계가 거짓일 수도 있다는 사실을 마주하게 된다. 목소리를 내야 할 순간 다수의 맹목적인 충성 속에서 그는 입을 닫아야 했고, 가려진 진실 앞에서 누군가는 반드시 비난받는 자로 지목되어 희생양이 되어야만 했다. 스탈린을 향한 사샤의 충성심이 어떻게 의심과 갈등으로 변해 가는지, 그 내면의 변화를 주목해 볼 만하다.

『동물농장』에서는 동물들이 말을 잃어버렸고, 『세상에서 가장 완벽한 교실』에서는 스탈린을 숭배하던 한 소년이 의심이 시작되며 교실에서 벌어지는 일들에 대해 바라보게 된다.

신문과 책으로 상상하기

1. 인물

- 나는 누구인가?
- 나는 굶주림 속에서 살아가는 아이일까?
- 가족을 지키는 누군가인가?
- 침묵 속에서도 진실을 기록하고 싶었던 사람일까?

2. 배경
– 어디서 이야기가 시작되는가?

3. 사건
– 무슨 일이 벌어졌는가?

4. 변화 또는 선택
– 나는 무엇을 하게 되었는가?

상상한 이야기를 글로 쓰기

말하지 못한 이야기

1930년대 우크라이나.

그 시절 아이들은 사탕을 먹고 싶다고 떼를 써 볼 수도 없었다. 하루 한 끼도 제대로 먹지 못했고, 배고픔은 쌓이고 쌓여 몸을 움직일 힘도, 울 힘도 잃어버리곤 했다. 그런 아이들이 살던 집과 마을은 수없이 많았다.

『동물농장』에서 동물들이 꿈꾸었던 것처럼, 우크라이나의 어른들은 아이들에게, 그리고 스스로에게 조금만 더 참으면 모두가 평등하고 잘 사는 세상이 올 거라고 믿고 설득하였다. 그러한 믿음을 품은 우크라이나의 어른들은 기꺼이 권력에 따르고 충성했으며, 체제에 어긋나는 이들에게 주저하지 않고 칼날을 겨누었다. 하지만 돌아온 것은 굶주림, 침묵, 의심, 그리고 사랑하는 가족을 잃는 슬픔이었다.

　나도 어쩌면 국가를 믿고, 지도자를 존경하고, 그들을 따르면 나도 영웅이 될 수 있을 거라 믿은 그 시절의 사샤였는지 모른다. 하지만 현실은 달랐다. 가장 믿고 싶었던 사람들을 의심하게 되었고, 가장 가까운 이들과 멀어졌으며, 배고픔은 점점 일상이 되었고 소중한 것들을 하나씩 잃어갔다.

　『동물농장』의 나폴레옹이 모두의 평등을 외쳤지만, 현실은 하루하루 무너진 풍차를 다시 세우는 고된 노동과 침묵뿐이었다. 그 사회는 분명 부조리했다. 하지만 무엇보다도 무서웠던 것은 그 부조리를 부조리라고 깨닫지 못한 채 살아가야 했다는 점이다. 설사 미묘한 이상함을 감지하더라도 권력에 설득당하고 세뇌당한 스스로 자기 검열을 했다. 그들은 말하지 못했고, 생각하지 않았고, 그저 시키는 대로 살아갔다.

　그곳에 존재했던 한 구성원이었다면 어떤 이야기들을 남기고 싶을까? 비난이 두려워 입 밖으로 꺼내지 못한 그 시대에 살았던 누군가가 되어 말하지 못한 마음, 말할 수 없던 이야기를 남겨보자.

예시 작품 살펴보기

동요 없는 세상 하재인(초6)

　이곳은 우크라이나다. 아무도 관심 갖지 않는 곳이다. 나는 꽤 돈이 있는 집에서 자랐다. 부족한 것이 없이 자랐다. 그러나 어느 날 옆집에서 이런 말을 전해주었다. "여러분 걱정하지 마십시오. 제가 여러분 모두를 행복하게 해 드리겠습니다. 그러니 여러분이 가지고 있는 모든 음식을 저에게 주십시오. 제가 배급소에서 돌려드리겠습니다." 착한 사람인 것 같았다. 모두를 행복하게 해 주겠다니! 이때까지만 해도 진짜 행복할 줄 알았다. 어느 날인가부터 음식이 사라졌다. 배급소에 갔지만 주는 건 없었다. 집을 아무리 뒤져도 나오는 건 없었다. 이미 집에 있는 음식은 모두 싹 쓸어서 나라에 바친 후였다. 일주일이 지났다. 길을 가다가 이름 모를 두 사람이 차례로 쓰러졌다. 또 내 앞집과 옆집에서 사람이 쓰러졌다. 어느 날 그 집에 갈 일이 있어서 가봤지만 아무도 대답하지 않았다. 문을 열었을 때 썩은 내가 진동했다. 아무도 대답하지 않은 이유를 곧바로 알아차렸다. 이 집에는 사람이 없었다. 생명도 없었다. 시체뿐이었다. 우리 마을에 첫 번째 집, 두 번째 집에서 생명이 사라졌다. 이제는 우리집이다. 역시나 그랬다. 우리집에서 제일 나이가 많은 할아버지의 누나가 죽었다. 슬프지만 어쩔 수 없었다. 우리 가족은 동요하지 않았다.

돈요 없는 세상

이곳은 우크라이나다. 아무도 관심받지 않는 곳 나는 5째 둘이 있는 집에서 자랐다 부족한 것이 없이 자랐다. 그러나 어느날 옆집에서 이런 말을 전해주었다. "여러분 걱정하지 마십시오. 제가 여러분 모두를 행복하게 해 드리겠습니다. 그러니 여러분이 가지고 있는 모든 음식을 저에게 주십시요. 제가 배급소에서 돌려드리겠습니다." 착한 사람인 것 같았다. 모두를 행복하게 해 주겠다니! 이때까지만 해도 진짜 행복할 줄 알았다. 어느날인가부터 음식이 사라졌다. 배급소에 갔지만 주는 건 없었다. 집을 아무리 뒤져도 나오는 건 없었다. 이미 집에 있는 음식은 모두 싹 쓸어서 나라에 바친 후였다. 일주일이 지났다. 길을 가다 이름 모를 두 사람이 차례로 쓰러졌다. 또 내 앞집에서, 옆집에서 사람이 쓰러졌다. 그 집에 걱정이 있어서 가보았더니 아무도 대답하지 않았다. 몸을 몇번을 때봐도 내가 진술을 했다 아무도 대답하지 않은 이들을 곧바로 알아차렸다. 이 집에는 사람이 없다. 생명도 없다 시체뿐이었다. 우리 마을에 첫번째 집, 두번째 집개지 생명이 사라졌다 이제는 우리집이다. 역시는 역시. 우리 집에서 가장 큰 할아버지의 누나가 돌아가셨다 슬프지만 어쩔 수 없었다. 우리가족은 통곡하지 않았다

> 최정아

가짜 뉴스가 불러온 비극, 간토 대학살

신문 속 이야기 함께 읽기

<"우물에 독? 내가 마셔보겠다"…조선인 300명 구한 日 경찰>
[출처: 중앙일보]

<'쥬고엔 고쥬센'을 말하라> [출처: 오마이뉴스]

> 신문 내용 쉽게 이해하기

혐오와 차별 가짜 뉴스가 불러온 비극, '간토 대학살'

특정 인종에 대한 혐오와 차별이 불러온 참혹한 대량 학살 '제노사이드'. 홀로코스트, 홀로도모르, 보스니아 대학살처럼, 1923년 9월 1일 일본 간토 지방에서 규모 7.3의 지진이 발생한 이후, 조선인을 대상으로 제노사이드가 일어났다. 바로 '간토 대학살'이다. 이때 희생된 조선인들의 억울한 죽음은 3일 만에 6,661명으로 파악됐으며, 추가로 신원이 확인되지 않은 숫자까지 더하면 2~3만 명에 이를 것이라는 주장도 있다. 안타까운 것은 100년이 지난 지금도 일본은 이 사실을 인정하지 않고 있기에 우리는 분노하며 정부 차원의 해결을 요구하고 있지만 해결의 기미는 좀처럼 보이지 않는다는 것이다.

"왜 일본인들은 조선인만 골라 죽였을까?"

일제 강점기 일거리를 찾아 바다를 건너온 조선인들은 대지진으로 인한 엄청난 혼란 속에서 화풀이의 대상이 된 것이다. 즉, 근거 없는 가짜 뉴스로 그들을 악마화시켜 일본인의 분노를 유발시켰다. "조선인들이 우물에 독을 풀어 일본인들을 죽이려고 한다.", "불을 지르고 재산을 훔쳐 간다.", "사람을 죽이고 부녀자들을 강간한다." 등 출처 불명의 악의적인 유언비어를 퍼

트려 지극히 평범했던 일본인들마저도 혐오에 동조하며 조선인 학살에 가담했다. 또한 '쥬고엔 고쥬센(15엔 50전)'을 발음하게 하여 일본인과 조선인을 구별했다고 하는데, 본토 일본인도 하기 힘든 발음이라 일본인의 죽음 또한 속출하면서 상황이 악화일로를 가게 되자 뒷짐만 지고 있던 일본 정부가 뒤늦게 나서서 사태를 진정시켰다고 한다.

한편, 무차별적인 학살의 현장에서 조선인의 편에 서서 300명의 목숨을 구한 일본 경찰 이야기를 취재한 기사가 눈에 띈다. 혐오를 조장하는 가짜 뉴스에도 흔들리지 않고 억울함을 호소하는 조선인들의 말에 귀를 기울이고, 학살의 선봉인 자경단의 협박과 위협에도 굴하지 않았던 그는 차별을 뛰어넘어 조선인도 보호해야 할 고귀한 인간으로 여겼던 것이다.

2023년에는 간토 대학살의 진실을 알리고, 이 사건이 잊히지 않기를 바라며 100주년을 기념해 다큐멘터리 영화가 제작, 상영되기도 했다. 간토 대학살의 진상 규명을 위한 노력에 한 발짝 다가간 행보이지만, 무엇보다 이 영화가 일본의 진실된 사과로 이어져 억울하게 희생당한 이들의 혼을 조금이나마 달랠 수 있게 되기를 바란다.

신문에서 책으로 생각 넓히기

박지숙 글, 이광익 그림

『이웃에 괴물이 산다 - 밝혀야 할 진실, 1923 간토 대학살』,
풀빛, 2024.

책 내용 쉽게 이해하기

평범하고 선량했던 이웃이 괴물로 변하다니….

매일같이 서로 인사를 나누고, 기쁜 일, 슬픈 일을 함께했던 이웃이 하루 아침에 나의 생명을 위협하는 존재가 된다면 어떤 기분일까? 그런 일이 일어날 수 있을까?

내 눈을 믿을 수가 없었다. 우리 곁에서 살던 평범한 아저씨들이 어떻게 저렇게 무자비하고 무서운 사람들로 변했는지, 날마다 손님들을 향해 "어서 옵쇼. 뭘 드릴까요?" 하며 상냥하게 웃어 보이던 채소 가게 아저씨와 시장 통에서 하루하루 열심히 물건을 팔던 상인들 그리고 우리 아버지와 함께 품팔이하던 아저씨가 모두 하루아침에 딴사람이 되어 있었다. 하룻밤 사이에 무슨 마법이라도 걸린 것일까? 나는 온몸에 소름이 돋았다. 차라리 악몽이었으면 좋겠다고 생각했다. 눈을 감았다 뜨면 사라지는 그런 악몽….'

너무나도 평범했던 이웃들이 괴물이 된 이유는 바로 유언비어 때문이었다. 대지진의 혼란 속에서 분풀이가 필요했던 일본인들이 만든 가짜 뉴스가 원인이었던 것이다. 어쩌면 이웃들 또한 가짜 뉴스에 이용당한 어리석은 희생양이 아닐까 생각된다.

주인공 '원'(아스카)의 눈으로 바라본 괴물과도 같은 이웃들의 모습은 정말 충격적이다. 인간의 극명한 양극단의 모습은 상상하기조차 어려울 만큼 상반된 모습으로 묘사되어 있다. 그래도 다행인 것은 그 와중에도 선량함을 유지하고 있는 소수의 이웃이 있었다는 것이다. 그들의 도움이 없었다면 '원'도 처참하게 희생됐을 테니 말이다. 어느 상황에서든 선량한 소수의 존재가 소중한 것은 그들이 바로 우리 사회의 버팀목이자 희망이기 때문이다.

『이웃에 괴물이 산다』, 이 책은 2019년 『괴물들의 거리』로 출간되었다가 2024년에 제목을 바꿔 재출간 되었다. 간토 대지진에 관한 어린이책을 찾기는 쉽지 않은데, '학살'이라는 무거운 주제를 다루는 데다, 아직 진실 규명이 제대로 이루어지지 않았기 때문일 것이다. 게다가, 100년이 넘은 지금까지도 일본은 모르쇠로 일관하고 있어 유가족들의 답답함은 더해가고 있다. 그러다 보니 여전히 큰 조명을 받지 못한 채 매년 추모제만 겨우 민간 영역에서 챙기고 있을 뿐이다. 안타까운 것은 사람들의 기억에서 잊히지 않기 위해 안간힘을 쓰고 있는 현실이다. 하루빨리 그날의 진실이 밝혀져서 희생자들의 아픔과 유가족들의 슬픔에 위로가 되기를 희망해본다.

신문과 책으로 상상하기

1. 인물
- 만약 내가 간토 대학살의 대상인 조선인이라면 어떤 느낌이었을까?
- 만약 내가 조선인들과 친하여 조선인을 돕는 일본인이라면?
- 조선인을 돕는 특별한 신분이나 지위의 사람이라면? (경찰, 의사, 선교사 등)
- 그런 일본인과 조선인을 옆에서 지켜보는 관찰자라면?

2. 사건
- 간토 대학살은 왜 일어났을까?
- 지진이 났을 때 사람들은 어떻게 반응했을까?
- 만약 그 상황에 내가 있었다면 나는 무엇을 했을까?

3. 배경
- 그 당시 조선과 일본의 관계는 어떠했을까?

- 1923년 당시 일본 거리의 풍경은 어떤 모습이었을까?
- 지진 전후 거리의 풍경은 어떻게 달라졌을까?
- 왜 간토 대지진 이후 혐오와 폭력이 일어났을까?

상상한 이야기를 글로 쓰기

밝혀내야 할 진실, 잊지 말아야 할 죽음
'대학살'의 목격에 관한 이야기

'대학살'에 대해 다룰 때 홀로코스트에 관한 이야기를 주로 하게 된다. 나치 독일의 유대인 학살이 우리에게 너무나 잘 알려진 슬픈 역사이기 때문일 것이다. 우선, '대학살'을 뜻하는 '제노사이드'란 단어를 살펴보자. 그리스어로 민족, 종족, 인종을 뜻하는 'Geno'와 살인을 뜻하는 'Cide'를 합친 말이다. 아이들에게 생소할 수 있는 단어의 뜻을 알려주면서 주제로 서서히 접근하면 좋을 것 같다. '간토 대학살'은 더구나 조선인들을 대상으로 일어난 사건이라 더 와 닿는 부분이 많을 것이다. 내가 지진의 현장에 있다는 것으로 배경을 설정해 보고 어떤 상황에 놓일 수 있는지 상상한 것을 이야기해 보면서 접근해보면 좀 더 사실감을 느낄 수 있을 것이다.

'간토 대학살'을 주제로 역사 소설을 쓸 때 주목해야 하는 핵심 키워드는 일제 강점기의 조선인에 대한 혐오와 차별, 유언비어, 평범했던 이웃의 돌변과 같은 것들이다. 이러한 단어들을 생각하면서 사건 속에서 어떻게 이야기를 전개해 나갈 것인지를 생각해 볼 수 있다.

또한, 조선인의 대학살을 눈앞에서 막아낸 용기 있고 의로운 일본인 경찰서장의 행동에 관한 기사를 참고로 하여 조선인을 돕는 인물을 주인공으로 설정한 이야기도 상상할 수 있을 것이다. 이때 기사 내용에 나온 서장의 구체적인 행동들을 참고할 수 있겠다.

위의 예시에서 알 수 있듯이, 역사 소설은 역사적인 사실을 바탕으로 하여 존재할 법한 인물을 설정하고, 주어진 역사적 사건 속에서 인물의 역할을 중심으로 이야기를 전개, 발전시켜 나아간다. 즉, 인물은 역사적 사건의 목격자가 되는 것이다. 거기에 전달하고자 하는 주제를 이야기 속에 잘 녹여낼 수 있다면 흥미로운 이야기로 완성될 수 있다.

예시 작품 살펴보기

숨바꼭질 최정아(교사)

나는 도쿄에 사는 11살 유우토야. 나의 가장 친한 친구는 같은 반 준호야. 준호는 조선에서 왔지만, 우리말도 잘하고 그림도 잘 그려서 친구들이랑 금방 친해졌어. 특히 나는 준호랑 늘 도시락을 나눠 먹고, 방과 후엔 함께 연을 날렸지.

1923년 9월 1일, 하늘이 맑고 바람이 선선했어. 그런데 갑자기 땅이 흔들리기 시작했어. "꺄아악!" 사람들이 소리를 지르며 뛰어다녔고, 건물들이 무너지고 불길이 솟구쳤어. 검은 연기가 하늘을 온통 뒤덮었고, 도시 전체가 무너졌어. 나는 엄마 손을 꼭 붙잡고 간신히 집으로 돌아왔어.

며칠 후, 마을엔 무서운 소문이 퍼졌어.

"조선인이 우물에 독을 넣었대." "조선인이 불을 냈대!" 자경단이라는 사람들이 칼과 대나무 창을 들고 조선인을 잡으러 다녔어. 동네 어른들도 무서운 얼굴로 이야기했지.

그때 준호가 떠올랐어. 준호는 절대 그런 나쁜 짓을 할 아이가 아니야. 나는 가슴이 쿵쾅거리고 정신이 없었지만, 준호를 찾아 나섰어. 드디어 무너진 벽 틈에서 준호를 발견했어. 준호는 도망치다 다리를 다쳤고, 얼굴엔 흙과 눈물이 묻어 있었어.

"준호야, 괜찮아?" 내가 묻자, 준호는 떨리는 목소리로 "무서워…"라고 말했어. 나는 준호를 집으로 데려갔고, 엄마는 놀라면서도 고개를 끄덕였어. 우리는 준호를 헛간에 숨기고, 아빠는 밖에서 아무 일 없다는 듯 행동했어.

나는 매일 조심스럽게 음식과 물을 가져다줬어. 헛간에 들어갈 때마다 준호는 고맙다며 고개를 숙였어, 우리는 조용히 속삭이며 연날리기 이야기를 하면서 시간을 보냈어. "진짜 숨바꼭질 같지 않아?" 내가 말하자, 준호는 힘없이 웃었어.

며칠이 지나 상황이 조금씩 나아진 것 같았어. 다행히 준호 가족도 무사히 살아 있다는 소식을 들었어. 준호는 나를 꼭 안고 말했어. "유우토, 너 아니었으면 못 살았을 거야." 나는 웃으며 말했어. "근데 우리 숨바꼭질 아직 안 끝났잖아. 네가 나와야 내가 이기는 거지." 그날 이후 나는 알았어. 모두가 등을 돌릴 때 손을 내미는 사람이 진짜 친구라는 걸.

박현정

난징의 욘 라베, 그의 선택

신문 속 이야기 함께 읽기

<"한 사람의 생명을 구한 사람은 온 세상 구한 것">
[출처: 뉴스다임]

<중국의 '쉰들러 리스트' 욘 라베> [출처: 동아일보]

> 신문 내용 쉽게 이해하기

어둠 속 한 줄기 빛, 난징의 욘 라베 그의 선택

역사는 때때로 우리에게 너무나도 잔혹한 순간들을 마주하게 한다. 그리고 그 속에서, 예상하지 못했던 질문들을 던지곤 한다. 1937년 겨울, 중국 난징은 피와 공포로 물든 도시였다. 하지만 그 비극 속에서 한 독일인이 특별한 선택을 한다. 그의 이름은 욘 라베. 그는 군인도, 정치가도 아니었다. 그러나 그가 택한 작고 분명한 선택은, 바로 자기 집 문을 여는 일이었다. 총성이 오가는 거리에서 그는 아이들, 노인들, 낯선 사람들을 자기 집 안으로 들인다. 숨을 곳 없는 사람들에게 그는 말한다.

"여기 있어도 괜찮다."

대부분의 사람들이 공포에 질려 도시를 떠났지만, 그는 그 자리에 남는다. 도망칠 수 있었지만 떠나지 않았고, 그 누구도 시키지 않았지만 스스로 책임을 선택한다.

그는 사람들을 숨기고, 입을 것과 먹을 것을 나눈다. 그리고 무엇보다, 그의 손에는 총 대신 펜이 들려 있다. 그는 보고, 듣고, 기록한다. 그가 남긴 기록은 총보다 강한 증언의 힘이 된다. 그의 기록에는 이런 문장이 반복되어 있다.

"이건 인간이 할 짓이 아니다."

이 절규는 일본군의 잔혹한 만행을 고발하는 동시에, 절망에 주저앉은 이들에게 "살아 있어도 괜찮다"고 말해주는 희망의 소리이자 조용한 위로였다. 그러나 욘 라베의 용기 있는 행동은 결코 가볍지 않은 대가를 남긴다. 그는 나치 비밀 경찰에게 끌려가 심문을 당하고, 전쟁이 끝난 뒤에는 나치 당원이라는 이유로 연합군에게 붙잡히기도 한다. 그의 마지막은 고립과 가난 속에서 생을 마감했다. 많은 것을 남기지 못했지만, 그의 일기와 사진, 진실을 향한 기록은 오늘날 우리가 난징대학살이라는 역사적 진실을 기억하게 해주는 가장 강력한 증거가 되었다. 그의 행동은 지금도 우리에게 질문을 던진다.

그는 왜 남았을까?

누군가에게 책임이 없다고 해서, 정말 아무 책임도 없는 걸까?

이 이야기는 단지 '좋은 사람'의 이야기일까?

아니면 지금 이 시대를 살아가는 우리에게 "당신은 어떤 선택을 하겠는가?"라는 끝나지 않은 질문을 던지는 이야기일까? 나는, 책임이 없다고 느껴질 때도 누군가를 위해 문을 열 수 있을까? 그가 문을 열지 않았다면, 그 문 안에 있던 사람들은 어디로 갔을까? 그가 기록하지 않았다면, 우리는 지금 이 이야기를 알 수 있었을까?

지금, 우리는 어떤 문 앞에 서 있는가?

신문에서 책으로 생각 넓히기

최유정 글, 장경혜 그림

『난징의 호루라기』, 평화를품은책, 2020.

책 내용 쉽게 이해하기

사람이란, 사랑을 나누는 존재, 사람을 위해 사는 존재

역사 속에 묻힌 한 아이의 눈물이 있다. 그리고 누군가의 손에 쥐어졌던, 작고 낡은 호루라기 하나. 그 호루라기의 울림은 총성보다 작았지만, 훨씬 더 오래 남는다. 『난징의 호루라기』는 그 조용한 소리를 따라가며, 전쟁 한

가운데서 "사람이라는 존재는 무엇인가"를 묻는다. 1937년 겨울, 중국 난징은 일본군의 침략으로 붉게 물든다. 도시는 대학살, 방화, 약탈, 집단 강간으로 무너졌고, 그 속에서 어린 생명들이 아무 말 없이 스러져간다. 그리고 먼 훗날, 그 땅을 다시 찾은 이가 있다. 바로 욘 라베의 손녀, 우르줄라. 그녀는 잊힌 존재들의 삶을 다시 불러내고 싶어 한다. 그곳에서 우르줄라는 중국 소녀 첸첸을 만난다. "우리 모두 죽었어요. 그런데 아무도 기억하지 않아요." 첸첸은 그렇게 말한다. 또 한 명의 인물, 오타지라는 소년병이 있다. 그는 개구리를 해부하지 못해 울고, 누나에게서 이런 말을 듣는다. "개구리를 죽일 권리는 아무에게도 없단다." 세 사람은 시대도, 장소도 다르지만, '살리고 싶은 마음', '기억하고 싶은 마음' 하나로 연결된다. 우르줄라는 할아버지의 기록을 떠올린다. "이건 인간이 할 짓이 아니다." 그리고 자신에게 묻는다. "그렇다면, 인간이란 어떤 존재여야 하는가?" 욘 라베는 이렇게 말했었다. "사람이란 그런 존재란다. 사랑을 나누고, 사람을 위해 사는 존재란다."

『난징의 호루라기』는 단지 슬픈 전쟁 이야기가 아니다. 지워진 목소리를 다시 불러내는, 살아 있는 이야기다. 그것은 라베가 쥐었던 펜처럼, 첸첸의 호루라기처럼, 오타지의 눈물처럼, 조용하지만 단단한 울림이 되어 오늘 우리의 마음을 두드린다.

지금 우리는, 어떤 문 앞에 서 있는가? 그 문을 열 것인가, 외면할 것인가? 기록할 것인가, 잊을 것인가? 그 떨림은 지금도 우리 기억 깊은 곳에서 울린다. 그리고 그 소리에 어떻게 응답할지는… 이제, 우리의 몫이다.

신문과 책으로 상상하기

1. 인물

- 주인공은 누구인가?
- 주인공은 어떤 감정을 느끼고 있었을까?
- 그 감정은 어떤 장면에서 드러났을까?

2. 배경

- 이야기는 언제, 어디서 펼쳐지는가?
- 주인공은 어떤 역사적·문화적 상황에 처해 있는가?
- 전쟁 중인 나라의 국민인가? 침략군인가? 혹은 외부인이자 목격자인가?

3. 사건

- 주인공은 어떤 장면에서 '사람다움'을 지키고 싶었을까?
- 기억하고 싶은 순간은 언제였을까? 전쟁 속에서 주인공은 어떤 갈등과 선택을 겪었을까?
- 주인공은 결국 어떤 이야기를 남기려 했을까? 기록자가 될까? 목소리가 될까?

> 상상한 이야기를 글로 쓰기

호루라기의 울림을 이야기로 묻고 기록하다

　우리는 때때로 말로 다 담기 어려운 이야기를 마주한다. 『난징의 호루라기』는 그런 이야기이다. 1937년 겨울, 일본군의 침략으로 붉게 물든 난징. 수많은 생명이 사라지고, 많은 사람들이 말할 수 없는 상처 속에 침묵한다. 하지만 시간이 흐른 뒤, 누군가는 그 이야기를 잊지 않기로 마음먹는다. 그 누군가가 손에 쥔 것은 총이 아니라 펜이었고, 그들이 내지른 것은 외침이 아니라 호루라기의 조용한 울림이었다. 『난징의 호루라기』는 욘 라베의 실제 기록을 바탕으로 만들어진 이야기이다.

　그리고 그 기록 위에 세 인물이 등장한다. 기억을 되짚는 우르줄라, 살아 있지만 잊힌 존재인 첸첸, 전쟁 속에서도 끝내 사람이고자 했던 소년 오타지. 이 세 인물은 독자에게 질문을 던진다.

　"사람이라는 존재는 어떤 존재여야 할까?"

　"나는 그때, 어떤 선택을 했을까?"

　"그 울림을 지금도 들을 수 있을까?

　이 질문을 중심에 두고, 우리는 아이들과 함께 팩션 쓰기를 한다. 책에서 다룬 역사적 사실을 바탕으로, 인물들의 감정을 따라가며 아이들은 '그때 내가 그 자리에 있었다면?'이라는 질문을 스스로에게 던진다. 그리고 '기록하지 않으면 잊힌다'는 진실 앞에서, 자신만의 언어로 기억을 이어 가려 한다.

첸첸의 입장에서 편지를 쓰고, 오타지의 마음을 담은 일기를 상상하며, 우르줄라처럼 누군가를 대신해 기억하는 글을 쓴다. 사실을 바탕으로 감정을 더하고, 이야기의 형식을 빌려 진실을 전하는 글쓰기. 이것은 단지 전쟁을 배우는 시간이 아니다. 사실을 바탕으로 감정을 더하고, 이야기의 형식을 빌려 진실을 전하는 글쓰기다. 그 속에서 아이들은 사람의 마음을 들여다보고, 그 마음을 기억하려는 기록자로서의 용기를 배운다.

책은 말한다. "우리 모두 죽었어요. 그런데 아무도 기억하지 않아요."
이 말이 다시 잊히지 않도록, 아이들의 이야기를 통해 다시 기억하게 하고 싶었다.
그리고 그 울림은 여전히 지금, 우리에게 묻고 있다. "당신은, 그 이야기를 기억할 준비가 되었는가?"

예시 작품 살펴보기

그날, 하나의 문이 열렸다 박현정(교사)

춥고 어두운 겨울이었어요. 도시는 불길에 휩싸였고, 사람들은 두려움에 떨고 있었어요.
총소리, 울음소리, 발소리… 모두가 어디론가 도망치고 있었어요. 그때, 한 남자가 문을 열었어요. 작고 낡은 집의 나무 문이었지요. "어서 들어오세요. 여기 있으면 안전해요." 그는 온몸으로 문을 붙잡고 말했어요. 아이들, 할머니, 젊은 엄마들이 그의 집 안으로 뛰어들었어요. 누군가는 울었고, 누군가는 말없이 숨을 죽였어요.

낡은 집의 나무문을 열어준 사람 그 남자의 이름은 욘 라베였어요. 그는 외국인이었지만, 그곳 사람들을 자기 가족처럼 여겼어요. 밤에는 아이들과 조용히 이야기를 나누었고, 낮에는 밖으로 나가서 필요한 물건을 구해왔어요. 무섭고 힘든 순간에도 그는 끝까지 그 문을 닫지 않았어요. 하루, 이틀, 그리고 몇 주가 지나고 전쟁이 끝났을 때, 사람들은 말했어요.

"욘 라베가 아니었더라면, 우리는 살아남지 못했을 거예요." 그리고 한 아이가 조심스럽게 욘 라베의 손에 종이 한 장을 쥐여주며 말했어요. "고마워요. 우리는 아저씨를 기억할게요." 욘 라베의 손에 들린 종이에는 이렇게 적혀 있었어요. "아저씨의 문이 우리를 살렸어요. 아저씨의 마음이 우리를 지켜줬어요."

**한 사람의 용기는 많은 생명을 지켜요.
본 것을 잊지 않고 기억할 것** 이서진(중2)

1937년 12월 16일, 난징.
겨울은 차가웠지만, 나는 온몸이 땀에 젖어 있습니다.
무너진 담벼락 뒤에 웅크린 채, 숨을 죽이고 있습니다.
총성은 멀리서 들려왔지만, 거리의 침묵이 오히려 더 무서웠습니다.

내 이름은 레이, 열네 살입니다.

3일 전, 나는 엄마의 손을 놓쳤습니다.

그날 이후, 내 이름을 부르는 목소리를 다시 들을 수 없었습니다.

나는 아무 말도 하지 못했습니다. 들키면 죽는다는 걸, 모두 알고 있었으니까요.

밤이 오면 더 무섭고 두려웠습니다. 성벽이 무너진 자리, 붉게 물든 돌바닥, 그리고 내 손에 남아 있는 피 냄새.

나는 숨 쉬는 것조차 미안했습니다. 그러던 어젯밤, 한 아주머니를 보았습니다.

그 아주머니는 자신의 외투를 벗어, 아기에게 덮어주었습니다. 그리고 그대로 눈을 감았습니다. 총소리는 나지 않았고, 그 조용한 순간, 한 생명을 살리기 위해 또 하나의 생명이 넘겨졌습니다.

그날 밤, 나는 결심했습니다.

내가 살아남는다면, 이 이야기를 쓰겠다고.

누구도 기억하지 않는다면, 내가 본 것을 기억하겠다고.

이 종이는 낡았고, 잉크도 얼마 남지 않았습니다. 하지만 나는 지금, 이 글을 씁니다.

인간이 해선 안 될 짓입니다. 나는 사람이 되고 싶었습니다.

그래서 이 글을 남기고 갑니다.

본 것을 옮기 싫고 기억할 것.

이서진 14।1

1937년 12월 16일, 난징

겨울은 차가웠지만, 나는 땅으로 길어졌습니다.
흙을 덮은 채, 무너진 담벼락 뒤에 숨그리고 있습니다.
총성은 멎었지만, 거리의 침묵은 더 무거워 옵니다.
내 이름은 게이, 열 내살입니다.
오전, 엄마의 손을 놓쳤습니다.
그날 부터 내 이름을 부르는 목소리를 들을 수 없습니다.
나는 아무말도 하지 못하였습니다.
들키면 죽는 다는 걸, 모두가 알고 있었으니까요.
밤이오면 더 무섭고 두려웠습니다.
성벽이 무너진 후, 붉게 물든 돌바닥, 그리고 내 손에 남은 되 냄새 나는 숨쉬는 것 조차
비안했습니다. 나시반 어젠밤, 작은 아주머니를 보았습니다.
그 아주머니는 자신의 외투를 벗어 아기에게 덮어주고, 그대로 눈을 감았습니다.
총소리는 나지 않았고, 조용히 한 생명을 살리기 위해 한 생명이 멈췄습니다.
그날 밤 나는 결심했습니다.
내가 살아남는 다면, 이 이야기를 쓰겠다고 누구도 기억하지 못한다면 나는, 내가 본 것을
잊지 않고 기록할 것입니다.
이 종이는 낡고, 잉크도 얼마 남지 않았 지만, 모두에게 알리기 위해 씁니다.
인간이 해선 안 될 것입니다.

그리고, 나는 살아있고 싶었습니다. 그래서 이 글을 남기고 갑니다.